Cheerleading

普通高校非奥运特色项目系列教材

啦啦操

◎主　编　余保玲　郭　虹
◎副主编　杨　超　熊德良　陶　乐

ZHEJIANG UNIVERSITY PRESS
浙江大学出版社

图书在版编目（CIP）数据

啦啦操 / 余保玲,郭虹主编. —杭州：浙江大学
出版社，2021.7
ISBN 978-7-308-20566-5

Ⅰ.①啦… Ⅱ.①余… ②郭… Ⅲ.①健美操—高等
学校—教材 Ⅳ.①G831.3

中国版本图书馆 CIP 数据核字(2020)第 170356 号

啦啦操

余保玲　郭　虹　主编

责任编辑	葛　娟
责任校对	董雯兰
封面设计	周　灵
出版发行	浙江大学出版社
	（杭州市天目山路 148 号　邮政编码 310007）
	（网址：http://www.zjupress.com）
排　　版	杭州青翊图文设计有限公司
印　　刷	杭州高腾印务有限公司
开　　本	787mm×960mm　1/16
印　　张	14.75
字　　数	301 千
版 印 次	2021 年 7 月第 1 版　2021 年 7 月第 1 次印刷
书　　号	ISBN 978-7-308-20566-5
定　　价	42.00 元

普通高校非奥运特色项目系列教材

学术顾问委员会

张　杰　中国美术学院体育部主任、浙江省大学生体育协会健美操分会秘书长

董晓虹　浙江大学公共体育与艺术部教授

卢　芬　浙江大学公共体育与艺术部工会主席

董育平　浙江大学公共体育与艺术部场馆与信息建设中心主任

施晋江　浙江大学公共体育与艺术部场馆器材服务中心主任

潘德运　浙江大学公共体育与艺术部竞赛训练管理中心主任

张　锐　浙江大学公共体育与艺术部公共体育教育中心副主任

吴　剑　浙江大学公共体育与艺术部体育竞赛训练管理中心副主任

虞松坤　浙江大学公共体育与艺术部场馆与信息服务中心副主任

鲁　茜　浙江大学公共体育与艺术部体育艺术研究中心副主任

金鸥贤　浙江大学公共体育与艺术部教育教学管理科科长

叶茵茵　浙江大学公共体育与艺术部综合办公室主任

袁华瑾　浙江大学公共体育与艺术部综合办公室副主任

普通高校非奥运特色项目系列教材

编 委 会

（以姓氏笔画为序）

序
PREFACE

高等学校体育是整个国民体育的基础,是我国体育工作的重点。21世纪高等教育更注重促进人的全面发展,强调"健康第一",全面推进素质教育,把教育改革提高到一个新的高度。2010年《国家中长期教育改革和发展规划纲要》指出,今后十年我国教育改革发展要贯彻优先发展、育人为本、改革创新、促进公平、提高质量的方针。随着社会发展和人的需求的变化,高校的社会功能被不断拓展,体育的育人功能日益突显,目前"办特色学校 创教育品牌"已成为我国众多教育工作者的共识。时代在变,学生的兴趣爱好也在变,丰富高校体育课程资源,开创学生喜闻乐见的体育项目势在必行。

非奥项目是相对于奥运项目而言的。中国地大物博,非奥体育项目丰富多彩,通常都是人们喜闻乐见的传统体育项目,具有广泛的传播性、娱乐性,或较强的民族色彩,显示出独特的魅力。这些源自生活的体育项目,更显亲和力,满足了人们对多样化体育的观赏和参与的需求,为促进体育文化交流提供了广阔舞台,促进全民健身活动的广泛开展。

浙江大学公共体育部依托浙江省人民政府、浙江省体育局授予的"浙江省非奥项目发展培训基地"为契机,依据学校培育的目标,在公共体育教育中确立突出以非奥项目为特色,强调学生的参与性、普及性、趣味性和文化特色,积极发掘非奥项目其特有的健身和文化价值,推动普及和提高这一方针;将具有民间、民俗风情和富有地方特色的非奥体育项目运用到大学体育教育之中,为大学生从事终身体育打下基础;使非奥项目与奥运项目相互促进,真正形成内容丰富多彩、形式活泼多样、学生积极参与的校园体育文化氛围。

这套非奥项目系列丛书包括《健美》《体育舞蹈与排舞》《武术》《健美操》《定向越野》《无线电测向》《大学生桥牌教程》《英式橄榄球》《软式网球》等十余种,结合健康教育理念,融知识性、趣味性与实用性于一体,选题新颖,是目前国内普通高校公共体育教育中不可多得的选修课教材。

北京体育大学副校长

前 言
FOREWORD

高校体育教育是实行"五育"并举,促进新时代大学生全面健康发展的重要途径,也是促进"健康中国",实现中华民族伟大复兴"中国梦"的一项关键举措。习近平同志在全国教育大会上明确提出:要树立"健康第一"的教育理念,开齐开足体育课,帮助学生在体育锻炼中"享受乐趣、增强体质、健全人格、锤炼意志"。

竺可桢先生提出:"健全的体格是大学教育的目标。""课余之暇、每日能一二句钟专心体育,则不但可以强健体魄,其对于智育及德育亦存善良之影响。"当然,不同的运动项目具有不同的项目特点和思政功能。

啦啦操是一项集舞蹈、体操、技巧等运动特点于一体的时尚、动感的体育运动项目,起源于美国的校园,至今已有 100 多年的历史。它是在音乐或口号的衬托下,展示团队成员的默契配合与齐心协力,达到追求最高团队荣誉感的一项体育运动。它以热情奔放、青春健康、激情向上的精神,激励着每一位啦啦操爱好者,备受学生的青睐,已成为校园文化的亮点。啦啦操课程通过花球、街舞、爵士、自由舞蹈等不同项目的学习,充分提高学生的身体协调性,激发学生学习兴趣,培养学生感受美、鉴赏美、表现美和创造美的意识与能力,为培养体格健全的人才、为终身体育打下坚实的基础,又为培养德智体美劳全面发展的标杆性形象提供支撑,实现育体、育心、育人的有效结合。

本教材共分八章,由三大核心内容组成:以基础篇为引子,以实践篇为亮点,以应用篇为延伸,突出本教材的实用和创新。第一章为"啦啦操运动概述"。第二章为"啦啦操运动基础知识"。第三章"啦啦操运动基本技术及运用",介绍了舞蹈啦啦操中的花球啦啦操,爵士啦啦操,街舞啦啦操初、中、高套路,技巧啦啦操基础水平、提高水平的套路让学生有更多选择学习的内容。第四章"啦啦操运动身体素质的练习方法",介绍了多种手段练习方法以达到提高啦啦操运动水平的目标。第五章"啦啦操成套动作的创编",介绍了各类啦啦操成套动作设计、难度动作选择、音乐与服装选择等内容,目的在于让学生充分掌握合理的啦啦操创编方法、步骤和技巧。第六章"啦啦操运动与健康促进",使学生在啦啦操锻炼中达到促进健康的目的,实现锻炼效果最大化。第七章为"啦啦操运动竞赛组织与规则"。第八章为"大学生体质健康标准测试及锻炼方法",提出了针对大学生体质健康标准各测试项目实用的锻炼方法。通过学习,相信大家能够了解啦啦操的起源与发展,学习并掌握啦啦操的基本动作及练习方法,塑造自身优美形态,培养创造美的意识与能力,全面提高自身身体素质,培养体育兴趣,陶冶艺术情操,为终身体育艺术奠定坚实基础。

　　本教材图文并茂,适合学生自学,是普通高校非奥运特色项目系列教材之一。由于时间和编者的水平有限,如有不妥之处,敬请广大读者批评指正。

余保玲

2021 年 6 月

目 录
◆CONTENTS

第一章　啦啦操运动概述

应知导航

　　啦啦操以热情奔放、动感时尚、青春健康、激情向上的精神,丰富了校园文化生活。这本书希望使你有所收获。本章让你了解啦啦操运动的概念、起源与发展,啦啦操运动的内容、特征、分类,为更好地进行啦啦操练习奠定理论基础。

第一节　啦啦操运动起源与发展

一、啦啦操运动起源

　　啦啦操运动的历史可以追溯到早期的部落社会,在早期的部落社会时代,为激励部落中外出打仗或打猎的战士,激发他们的斗志,希望能凯旋,通常会举行仪式。美国是啦啦操运动的发源地,至今已经有一百多年的历史。1898 年,明尼苏达州大学的学生在橄榄球比赛时,为了提升队员士气,烘托赛场气氛,自发地、有组织地带领观众一起呐喊助威。这就是现代啦啦操的雏形。啦啦操指的是为竞赛加油打气的团体,是一种团体性的活动。啦啦操原名"cheer leading",其中 cheer 按照字面上的解释是鼓舞、喝彩的意义,有鼓舞士气、激励人心的作用。此后,全美各大学纷纷成立啦啦队,啦啦操项目也有了进一步的发展,涉及的领域也更加广泛,不仅仅是为赛事加油助威,更多的是参与社团活动,成立啦啦操俱乐部或协会,成为学校对学生进行集体主义教育、发扬进取精神的重要方法和手段。

二、啦啦操运动发展

　　19 世纪 70 年代,第一个以加油鼓劲为主题的俱乐部在普林斯顿大学成立。19 世纪 80 年代,第一个有组织的加油口号被记载在普林斯顿大学校史上。19 世纪 90 年代,明尼苏达大学发起组织了第一支啦啦队,并创作出第一首鼓励运动员比赛拼搏的歌曲。同一时期啦啦操运动开始普遍使用喇叭,为啦啦操运动增添了很多色彩。第一个啦啦操队联盟也应运而生。20 世纪初,第一个"返校日"啦啦队活动在伊利诺伊大学举行。20 世纪 20 年代以前啦啦队队员主要由男性构成,20 年代以后女性开始活跃于啦啦队的活动中。明尼苏达大学啦啦队开始将体操动作和滚翻动作融入啦啦操的表演中。20 世纪 30 年代,各大学和高中啦啦队开始在表演中挥舞纸做的彩球,彩球的出现是啦啦操发展史上的一次变革,大大提升了啦啦操的观赏性和号召力。20 世纪 40 年代,Lawrence R Herkimer(劳伦斯·何其莫)在德克萨斯州的达拉斯市成立了第一个啦啦队公司,成为日后众多美国啦啦队公司的兴建的基础。20 世纪 50 年代,各大学啦啦队开始成立啦啦队工作室,传授啦啦操基本技巧。20 世纪 60 年代,名叫 Fred Gastoff(弗雷德·加斯托夫)的美国人发明了用乙烯制作的彩球,并很快得到"国际啦啦操基金会"的推广。同时"国际啦啦操基金会"在美国各地为各校啦啦队发起人和教练提供专门的训练课程。1967 年,美国开始进行第一届的年度"十佳大学啦啦操队"排名。同时"国际啦啦操基金会"开始颁发"全美优秀啦啦队队员"奖项,奖项的设立无疑是啦啦操发展的催化剂。后来啦啦操项目之所以发展得如此迅速,一方面与这项运动的动作特点有关,另一方面美国很多大学将之与奖学金、减免学费以及荣誉直接挂钩,吸引了更多的学生参与这项运动。20 世纪 70 年代,啦啦操项目除了继续为传统的橄榄球和篮球比赛加油助威,也出现在所有校园体育比赛中。有时,学校会挑选不同的啦啦队来为摔跤、田径或游泳等项目助威。1978 年春,美国哥伦比亚广播公司 CBS 的体育频道首次在全国范围转播"大学生啦啦操锦标赛",从此,啦啦操运动被认可,啦啦操运动的技术技巧有了很大的提高,例如增加了体操、叠罗汉、跳跃等难度技巧动作。20 世纪 80 年代,美国啦啦操比赛在各大学之间展开的同时,也促使初中生和高中生的参与,啦啦操运动有了更进一步的发展。后来啦啦操涉足领域更加广泛,除了为学校的赛事加油,他们也参与到社团的各项活动中,逐渐得到美国媒体的认可,成为在学校和社团中激发热情、发扬进取精神方面最重要的领导力量。1980 年,美国第一届全国啦啦操锦标赛开幕,标志着啦啦操运动进入了竞技比赛的行列,比较规范的啦啦操竞赛规则也在此时首次制定。随着啦啦操运动的发展,比赛难度也在不断地增加,因此在 1983 年做出规定,限制危险性的动作和不健康的口号,并且在 1985 年制定了安全指导规则。20 世纪 90 年代以后随着啦啦操项目的飞速发展,全美各州大、中学校都拥有了自己的啦啦队及协会,并且建立了自己的啦啦队网站。同时开展了很多全国性的大赛——US Open Championships(美国公开赛啦啦操和舞蹈锦标赛)、US National Championships(全美啦啦操和舞蹈锦标赛),并且制定了比较完善的竞赛和安全规则。2001 年举行了第一届世界啦啦操锦标赛,标志着啦啦操运动正式晋升为世界性竞赛项目。

三、啦啦操运动在中国的发展

啦啦操项目进入中国的时间相对较晚,国内大众对"啦啦队"一词的普遍理解是场边加油的观众,因此在中国被统称为"啦啦操"项目,更方便大家对其项目特质的理解。但其普及和发展的速度令人惊讶,其运动技术水平迅猛提高。1998年,中国大学生篮球联赛(Chinese University Basketball Association,简称CUBA)诞生,为其加油呐喊的啦啦操表演应运而生,各高校充满活力和洋溢着青春气息的啦啦操表演给观众留下了深刻的印象,也成为篮球场上一道亮丽的风景线。啦啦操首先在高校得到发展,与中国大学生篮球联赛的产生有直接的关系。

2001年,在社会各界的大力支持下,由中国大学生健美操艺术体操协会(Cooperation Self-confidence Attitude Reach Aim)主办的"统一冰红茶"迎亚运首届中国大学生动感啦啦操比赛在广州举行,共有23支啦啦操队伍参加了比赛,此届啦啦操比赛在各地的高校中引起了很大的反响,使中国亿万青少年也可以享受啦啦操运动带来的无限乐趣。这是国内首次举办啦啦操比赛,充分展现了大学生青春、动感、健康的一面,标志着啦啦操运动在中国体育史上迈出了成功的一步。

2002年,两操协会在四川举办了"西部阳光杯"全国大学生健美操、艺术体操锦标赛,即第二届中国大学生啦啦操大赛。此届比赛的规模及其艺术性、观赏性都远远超过第一届,冠军队四川大学甚至出现了"抛接"这样的高难度动作。由于啦啦操在我国发展历程很短,对啦啦操项目的认识还不够清晰,只是了解啦啦操的一些基本特征,因此由两操协会举办的这两届大学生啦啦操比赛没有对项目进行细规则上的要求,比赛规程及内容主要是模仿国外啦啦操比赛。

2003年,我国啦啦操运动的动作内容被定义为:以徒手的舞蹈动作及采用彩丝、花球等为道具的体操化舞蹈动作的表演形式,人数为9~12人,性别不限,禁止一切抛接动作和空翻动作。由于项目刚起步,啦啦操的表演形式及舞蹈内容较为单一,仅仅局限于体操、健美操操化的基本动作。

2004年6月,中国大学生健美操艺术体操协会举办了全国啦啦操教练员及裁判员培训班,规范了套路动作,首次推出中国啦啦操专业教练员和裁判员认证体系,以及啦啦操规定套路。

2005年,国家体育总局体操运动管理中心开始关注啦啦操运动,并与相关国际组织进行交流合作。中国大学生健美操艺术体操协会、国际全明星啦啦队协会(International All-star Cheer leading Association)从2005年至今每年举办中国全明星啦啦操锦标赛暨世界啦啦操锦标赛中国啦啦操队选拔赛。为了纪念《全民健身计划纲要》颁布实施十周年,充分体现"健康第一,终身体育"的新时期教育指导思想,2005年底,举办了"为北京奥运加油喝彩"为主题的首届中国全明星啦啦操锦标赛(分区选拔赛和总决赛),进一步推动了全国高校、中学、小学、健身俱乐部等单位开展的系列动感啦啦操项目的普及、培训、宣传等活动,这意味着啦啦操项目在我国大、中、小学和健身俱乐部等单位得到全面的推广和发展。此次比赛的成功举办无疑在全国范围内掀起开展啦啦操运动的又一高潮,对啦啦操运动在我国的发展起到了"里程碑"的作用。

2006年,中国大学生健美操艺术体操协会成立了中国第一个啦啦操专业委员会,并于同年组队参加了在美国奥兰多举办的世界啦啦操锦标赛,这是我国首次参加国际啦啦操大赛。自此与国际全明星啦啦队协会、世界啦啦操协会(Universal Cheerleaders Association)等达成了在啦啦操运动项目上一系列的合作协议,也标志着中国啦啦操运动正式迈入国际啦啦操运动的大舞台。

借2008年北京奥运会的契机,第29届奥运会组委会文化活动部与国家体育总局体操运动管理中心联合主办了"北京奥运会体育展示现场表演啦啦操选拔比赛",吸引了全国优秀啦啦操运动员和队伍参与,经过激烈的选拔,最终将啦啦操表演融入了北京奥运会的各场馆现场展示,将中国啦啦操运动推向了高潮。

这些年,中国大学生健美操艺术体操协会一直致力于啦啦操运动在校园的推广与普及,啦啦操运动正式被列为学校体育竞赛的比赛项目。此外,中国蹦床技巧协会也开始举办啦啦操教练员、裁判员培训班,并把啦啦操纳入全国技巧锦标赛和冠军赛的正式比赛项目。2009年,国家体育总局开始单独举办全国啦啦操锦标赛和冠军赛。

媒体的大力宣传使得参与、关注该项运动的人群越来越多,2011年全国啦啦操冠军赛(国家体育总局体操运动管理中心主办)参赛人数近1300人,当年的中国学生啦啦操锦标赛(中国大中学生体协主办)参赛人数达3500多人。可以说奥运会现场啦啦操的出色表演,使我国啦啦操运动的发展达到了一个鼎盛的时期。

为更加普及推广这一运动,国家体育总局体操运动管理中心先后在全国近十个省市举行了大规模培训,参训的教练员和裁判员近6000人。2012年又推出竞赛积分排名和"全国啦啦操示范窗口学校"的评选,以及优秀教练员的评选和运动员达标注册,有效地调动了基层单位的积极性。

从2013年起,中国啦啦操联赛开始实行A级赛区和B级赛区制。联赛之外,还有总决赛、锦标赛、冠军赛和中国公开赛分别择地举行。与此同时,2013年在南京承办的世界首届艺术运动会上,中国啦啦操委员会选派出6支队伍参赛。在为期三天的角逐中,观众们感受到了中国啦啦操带给大家的激情与欢乐。25名美国高水平的啦啦操运动员在赛间分为5组,与国内各参赛队伍进行技术交流与表演,提升了啦啦操的技术水平,给大家留下了难忘的印象。此外首届全国学校啦啦操高层论坛研讨会,"全国啦啦操窗口示范学校"校长联盟也同期进行。

2014年8月,第二届青年奥林匹克运动会在江苏南京举行,啦啦操作为体育展示项目覆盖所有赛场,啦啦操运动员以青春、活力的形象出现在每个赛场,他们精彩的表演赢得了国际奥委会主席巴赫先生的高度赞扬。2014 年 12 月 12 日,全国啦啦操冠军赛在江苏无锡开赛,来自全国 20 个省区市的 4200 多名啦啦操选手参加比赛。在为期两天的比赛中,选手们参加了 40 多个项目的角逐。

2015 年 7 月,中国啦啦操公开赛在南京成功举办,该赛事吸引了中国、美国、德国、澳大利亚、日本、韩国、墨西哥、意大利、哈萨克斯坦、泰国、俄罗斯、菲律宾、马来西亚等国家及地区的啦啦操代表队参加。2015 年 11 月,教育部体卫艺司在河南省郑州市金水区召开"全国中小学校园啦啦操展演活动",来自全国 30 个省区市的 2000 多名学生进行了校园啦啦操表演,金水区作为全国学校体育先进区,提出了"一校一品一操"校园课间啦啦操模式,并迅速在全国中小学推广。

2016 年 2 月,期盼已久的《啦啦操运动员技术等级标准》正式获得国家体育总局体操运动管理中心批准,开启了中国啦啦操运动员认证工作。为了更好地探索青春、活力、现代的啦啦操运动如何与中国传统文化结合,2016 年 10 月,教育部体卫艺司和国家体育总局体操运动管理中心共同举办"全国啦啦操创意展示大会"。现场展示中,许多队伍将京剧、民族舞等诸多民族传统文化与啦啦操进行了巧妙结合。此次大会的举办对中国特色啦啦操文化进行了一次有益的尝试,并取得了很好的效果。

2017 年,全国啦啦操委员会组织中国代表团前往美国奥兰多著名的公立学校 Winter Park 以及其啦啦操俱乐部进行学习交流。中国啦啦操教练员及运动员感受到了中美教育文化的异同,也学习到了当地先进的教育模式及啦啦操的教学形式。与啦啦操俱乐部成员的共同训练和交流,将大家的学习热情推至高潮,这不仅增加了相互的了解,更增进了双方的友谊。截至 2017 年 4 月,在中国,已有近 3.5 万所学校开展了啦啦操项目,注册的啦啦操运动员超过 17 万人,项目覆盖人口超过 2500 万人。国际啦啦操联合会(ICU)授予全国啦啦操委员会(CCA)"世界啦啦操发展重大贡献奖"。中国啦啦操迈向国际大舞台并被世界所认可。

为了进一步弘扬啦啦操文化,2018 年,契合中国啦啦操(CCA)英文数字排列的 3 月 31 日,首届中国啦啦操文化节在山东日照举行,体现出啦啦操运动多元文化内涵和价值。同年 4 月,教育部部长陈宝生在两会期间提出"将经典咏流传的曲目作为全国大课间啦啦操的配乐",为此,国家体育总局体操运动管理中心主任缪仲一提出了"力争五年时间,让啦啦操走进 40 万所全国大中小学"的奋斗目标。2018 年 7 月,经国际奥委会同意,国际啦啦操联合会正式申请啦啦操项目进入 2028 年美国洛杉矶奥运会。2018 年活跃在全国各大啦啦操赛事的运动员们,放飞梦想,张扬活力,释放激情,以飞扬的青春和强健的体魄展示更高、更强、更快的体育精神,2018 年参加全国啦啦操比赛运动员人数突破 10 万人。

啦啦操不仅适合广大学生,也非常适合在广大职工中开展。2019 年,国家体育总局体操运动管理中心与全国教科文卫体系统合作,创编了"中国梦·劳动美——全国教科文卫体系统职工啦啦操"教材,包括《办公室工间啦啦操》《医护人员啦啦操》《教师啦啦操》，开启了中国职工啦啦操发展之路。

2020年的开年受到疫情影响，线下活动及赛事无法正常举行。疫情并没有影响到大家对啦啦操的热情。全国啦啦操委员会将培训与赛事活动通过互联网云端组织开展。3月份开启地毯式培训，30个全国啦啦操竞赛工作网络培训班同时开班。2020年"榕江杯"全国亲子啦啦操网络大赛于6月1日正式直播开赛，本次赛事以"亲子啦啦操"为主题，在"六一"国际儿童节开赛，也是在这一特殊时期给全国的小朋友送上节日的祝福，同时也号召啦啦操项目走进家庭，带动更多父母与孩子一起参与到啦啦操运动中来。本次网络大赛采用"录播成套、直播评分"的形式，吸引了来自全国28个省区市的百余支家庭和俱乐部队伍参赛。

随着啦啦操运动在我国的蓬勃发展，啦啦操受到了广大爱好者的关注、喜爱与认可。

第二节　啦啦操运动特征、分类与内容

一、啦啦操运动的定义与内容

（一）啦啦操运动的定义

啦啦操（cheer leading）是一项在音乐伴奏下，运动员通过集体完成复杂的基本手位与舞蹈动作，配合特有难度、过渡配合等动作，通过丰富的队形和层次变化，将动作、音乐、口号、道具、服装等要素融合在一起，集中体现青春活力、积极向上的团队精神，并努力追求最高团队荣誉感的一项体育运动。

（二）啦啦操运动的内容

1. 啦啦操的动作

啦啦操的动作素材多样、风格各异，可以融合爵士舞、拉丁舞、街舞、现代舞、各国各民族风情舞蹈、体操、技巧、POM、芭蕾、武术和搏击等动作元素，是一项个性化、艺术化、竞技化的运动项目。它热情奔放的形式，极其符合大学生的天性；它的技巧性能激起大学生的探索欲和好奇心，传递着大学生的渴望。同时，这些也反映出大学生敢于创新、挑战极限、超越自我的价值追求。

2. 啦啦操的音乐

啦啦操的音乐是根据啦啦操项目的独特性来选择一首或多首不同的乐曲混合，组成一首啦啦操的音乐，多取材于Disco（迪斯科）、Jazz（爵士）、Rock（摇滚）等现代音乐和具有上述特点的民族音乐。动作表现音乐，音乐衬托动作，两者相互补充，使整套动作出现跌宕起伏、高低错落、动静结合的表演效果。舞蹈啦啦操音乐常选用迪斯科、摇滚、爵士乐、舞曲等动感、时尚、富有激情的音乐，也可以是其他风格的音乐，主要是必须符合所编

排的舞蹈啦啦操的风格特点和符合运动者心理需求的音乐。

3.啦啦操的口号和道具

技巧啦啦操在所有难美项群中最特别的地方就是在成套动作中还包含有口号和道具。目前虽然技巧啦啦操的高级组别去掉了口号和道具,但在技巧啦啦操的初级和中级的组别套路中是必须有口号和道具的。这些口号除了有鼓动性,还要与音乐、动作相吻合。如在2008年迪士尼歌舞青春全国啦啦舞挑战赛中,啦啦操口号反映了当代大学生的青春、活力、健康、向上的精神风貌。啦啦操的独特性在于可以用道具配合动作。常用的表演道具有:标志牌、花球、旗、喇叭等。道具的使用增添了该项目的观赏性和创编空间的延续性。如果把啦啦操引入课堂,可以运用各种表演性道具,如花球、扇子、伞、旗等来调动学生的学习积极性和成套观赏性;同时还可以让学生创编口号去激励、鼓舞别人或是自己,达到培养学生的创新思维和团队精神的目的。

4.啦啦操运动宣言

国际全明星啦啦操竞赛规则上的啦啦操运动员宣言是:"我们作为啦啦操运动的成员,将时刻注意自身的言行举止。树立并传播啦啦操运动及其成员的体育精神和高尚品德。无论国家、民族、性别的差异,我们都将给予支持和帮助;无论技能水平的高低,还是赛场上的竞争对手,我们都将为他/她加油喝彩。团结协作、相互支持是我们胜利的源泉,坚定信念、永不言败是我们永远的信念。"此宣言更进一步体现了啦啦操项目的团队协作特点及积极向上的精神。

二、啦啦操运动特征与分类

(一)啦啦操运动的特征

1.独特的团队精神

团队精神是啦啦操运动有别于其他运动项目最显著的特征。它是通过口号、各种动作的配合、难度的展现以及不同队形层次及空间的转换,运动员之间的相互协调配合来共同完成团队目标,营造相互信任的组织氛围,激励运动员高昂的斗志,提高团队整体的凝聚力;在啦啦操运动中,既强调团队完成动作的高度一致性,又重视运动员个体不同能力的展示,使每个队员在参与团队的配合上均能在不同位置扮演不同的重要角色,形成一种风险共担、利益共享的集体意识。它包括团队整体的运动能力、表演的激情、自信心、感染力、号召力、表演能力、默契配合等因素。

2.与时俱进的时代性

啦啦操动作的发力强调力度、速度、控制,富有激情的表现形式配合动感的音乐节奏使观者陶醉。从社会教育的角度看,是非常有价值的特点。同时,啦啦操通过其特有的竞技性和艺术性,充分体现了其健身性、时尚性、娱乐性的魅力。啦啦操运动除了要有朝气、勇气、表现力,与它同样重要的还有体态、举止、友谊、领导力、责任感等精神。因此,啦啦操运动员必须拥有一个青春的形象、健康的体魄和健美的体型。男运动员要有明显的肌肉线条,体型匀称,呈倒三角形;女运动员要具有符合项目特征的肌肉线条和曲线美,上下身比例匀称,皮肤色泽光亮健康。所有的啦啦操运动员要求五官端正、仪态端庄、青春靓丽,具有当代青少年的青春美和健康美。

3.特有的项目技术特征

啦啦操技术特征主要体现为肢体动作的发力方式,即通过短暂加速、制动定位来实现啦啦操特有的力度感,动作完成干净利落,具有清晰的开始和结束;在运动过程中重心稳定、移动平稳,身体控制精确,位置准确。啦啦操运动的技术风格不同于健美操和舞蹈,它是运用其专门的基本手位和难度动作,并结合多种舞蹈元素、口号等,通过多种空间、方向与队形、节奏的变化展现出啦啦操运动的项目特征,同时附加相对级别的运动负荷。啦啦操是展示运动员的活力激情以及团队良好运动能力的体育项目。

4.广泛的综合领域

啦啦操运动通过具有丰富、时尚的多种舞蹈动作元素,配合整齐划一的动作、色彩鲜明的服装道具,以及各种空间变化和复杂的队形变化,传达一种健康向上、朝气蓬勃的生活态度和自信乐观的精神面貌。同时,啦啦操运动通过团队合作形成相互信任的组织氛围,相互鼓励、相互激励的高昂斗志和团队整体的凝聚力,传达了强大的集体主义理念和友好互助、团结进取的时代精神,这是其他项目无法替代的。

啦啦操运动是现代科学飞速发展,人类走向高效率、快节奏的信息时代的产物。它横跨体育运动、艺术特质和教育活动三大领域,具有体育、音乐、舞蹈、美学和思政的多种社会效能。它集中体现了人类为按照美的规律改造世界,并在这个改造过程中不断完善自身的愿望,深受广大群众喜爱和欢迎。

(二)啦啦操项目的分类

1.依据作用和功能划分

从啦啦操的功能和展现形式出发,将啦啦操分为两大类,即竞技性啦啦操与表演性啦啦操(图 1-1)。

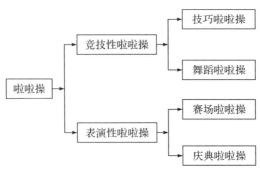

图 1-1　啦啦操项目的分类

（1）竞技性啦啦操

竞技性啦啦操以参加竞技比赛为目的，是在音乐的衬托下，通过队员集体完成高超的啦啦操特殊技巧，并结合各种舞蹈动作，集中体现青春活力、健康向上的团队精神，追求最高团队荣誉感。竞技性啦啦操又分为技巧啦啦操和舞蹈啦啦操两个子类。

技巧啦啦操是以翻腾、托举、抛接、金字塔组合、舞蹈动作、过渡连接及口号等形式为基本内容的团队竞赛项目。包括男女混合和全女子的集体组、五人小团体组和一对一的双人组。

舞蹈啦啦操是在音乐伴奏下，运用多种舞蹈元素的动作组合，结合转体、跳步、平衡与柔韧等难度动作以及舞蹈的过渡连接技巧，通过空间、方向与队形的变化表现出不同舞蹈风格特点，强调速度、力度与运动负荷，展示运动舞蹈技能与团队风采的体育运动项目。舞蹈啦啦操以舞蹈动作为主，可结合使用道具。如：花球、爵士舞、街舞、高踢腿和自由舞蹈等。

（2）表演性啦啦操

表演性啦啦操以表演和渲染现场气氛为目的，包括赛场啦啦操表演和庆典啦啦操表演。赛场啦啦操即人们常说的"场间啦啦操"或"助威啦啦操"，主要是在比赛中场休息时，为活跃赛场气氛，鼓舞双方士气，振奋观众情绪，让整个比赛更加精彩和激烈。啦啦操运动作为其他赛事的助威活动，从实施场所划分，则可以分为场地啦啦操与看台啦啦操。

场地啦啦操：是在音乐的衬托下，通过运动员完成高超的啦啦操特殊运动技巧，结合各种风格特点的舞蹈动作，配合丰富多样的演出道具，集中体现青春活力、健康向上的团队精神，并追求团队荣誉感的一种展现形式。

看台啦啦操：在指挥员的统一指挥下，观众席上的啦啦操运动员通过口令、道具、变换的图形以及完成击掌、人浪等助威动作，集中展示啦啦操运动员助威技巧与风貌。

高水平的啦啦操表演能够提高体育赛事的精彩性，具有可观赏性作用，是赛场文化的一个组成部分。

庆典啦啦操表演是在各种庆祝活动、社区活动、开幕典礼、大型活动中进行的啦啦操展演，如 1997 年克林顿总统就职典礼上的啦啦操表演、我国第十一届全国运动会闭幕式上的啦啦操表演。2019 年的中央电视台春节联欢晚会，将啦啦操表演在节目《青春跃起来》中完美呈现，热闹的啦啦操表演成为春晚一道靓丽的风景线。

2.依据动作的表现形式来划分

啦啦操作为一项独立的竞技体育赛事，依据其项目特征将其划分为技巧啦啦操和舞蹈啦啦操（见图 1-2）。

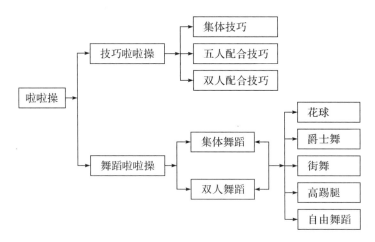

图 1-2　依据动作的表现形式划分的啦啦操

（1）技巧啦啦操：是以翻腾、托举、抛接、叠罗汉造型组合、舞蹈动作、过渡连接及口号等形式为基本内容的团队竞赛项目。

技巧啦啦操项目分类：集体技巧、五人配合技巧和双人配合技巧。

①集体技巧：成套动作中必须包含 30 秒口号、个性舞蹈、翻腾、托举、抛接、金字塔等动作内容，同时结合各种跳步、啦啦操基本手位动作，以及其他舞蹈元素、道具等，充分利用多种空间转换、方向与队形变化，展示高超的团队技能技巧及啦啦队运动项目特征。技术特征主要体现为肢体动作通过短暂加速、制动定位来实现技巧啦啦操特有的力度感；动作完成干净利落，动作过程重心稳定、移动平稳，身体控制精确、位置准确。

②五人配合技巧：成套动作中由托举、抛接两类难度动作为主要内容，充分利用多种上架、下架动作，以及过渡连接动作进行空间转换、方向与造型的变化，展示五人组团队高超的技能技巧。

③双人配合技巧：成套动作中由托举、抛接两类难度动作为主要内容，充分利用多种上架、下架动作，以及过渡连接动作进行空间转换、方向与造型的变化，展示双人配合高超的技能技巧。双人配合技巧必须由一名男生和一名女生组成。

（2）舞蹈啦啦操：是以舞蹈动作为主，展示各种舞蹈技巧和元素，并结合道具作为基本内容的团队竞赛项目。

舞蹈啦啦操项目分类：花球舞蹈啦啦操、爵士舞蹈啦啦操、街头舞蹈啦啦操、高踢腿啦啦操和自由舞蹈啦啦操，展示形式分集体和双人。

①花球舞蹈啦啦操：成套动作手持花球（团队手持花球动作应占成套的 80% 以上），结合啦啦操基本手位、个性舞蹈、难度动作、舞蹈技巧等动作元素，展现干净、精准的运动舞蹈特征，以及良好的花球运用技术，整齐一致，队形、层次不断变换，给人以视觉冲击

效果。

②爵士舞蹈啦啦操：成套动作由爵士风格的舞蹈动作、难度动作以及过渡连接动作等内容组成，通过队形、空间、方向的变换，同时附加一定的运动负荷，表现参赛运动员的激情以及团队良好运动舞蹈能力。

③街舞啦啦操：成套动作以街舞风格的舞蹈动作为主，表现街头舞蹈形式，动作强调个性色彩的风格特征以及身体各部位的律动与控制，幅度随节奏的时快时慢变化而变化，保持动作的节奏与音乐和谐一致，同时也可附加一定的强度动作，如不同跳步的变换及组合，与队员之间的配合张弛有度，给人以干净利落的印象。它是啦啦操运动与流行街舞的巧妙结合。

④高踢腿啦啦操：成套动作中包含了很多不同类型的踢腿动作，如行进间踢腿、原地踢腿、Y形踢腿、环绕式踢腿等，强调动作的力度、定位和一致性，充分利用场地进行队形、空间变化，并加入转体、跳跃、柔韧平衡类难度动作。

⑤自由舞蹈啦啦操：以某种区别于爵士、花球、街舞的形式出现，同时具有啦啦操舞蹈特征的其他风格、特点、形式的运动舞蹈，如各种具有民族舞风格特点的运动舞蹈。

三、啦啦操运动的目的与特点

(一)啦啦操运动的目的

通过啦啦操运动特有的团队特征，结合"阳光体育工程"为促进广大青少年素质教育和校园体育文化建设，丰富校园文化，以及全民健身为目的，使广大民众在啦啦操团队集体的氛围中体验到理解、信赖、友情、和谐等有利于集体运动所必需的团队配合品质。在不断体验进步与成功的过程中，增强团结与自信，提高抗挫折能力和情绪调节能力。形成积极向上、乐观开朗的生活态度，建立起对自我、群体和社会的责任感；形成现代社会所必需的合作与竞争意识。学会尊重和关心他人，培养良好的体育道德、集体主义、社会主义、爱国主义精神，学会获取现代社会中体育与健康知识的方法。

(二)啦啦操运动的特点

啦啦操有以下四个主要特点。

1.内容具有广泛性和独特性

啦啦操运动不仅历史悠久，也有时代特点，它给人们带来热情奔放的情感体验，符合现代人追求时尚性、健身性、安全性、娱乐性的需求，深受广大群众的喜爱。啦啦操项目吸取了体操、舞蹈中精髓部分，加上本身鲜明的团队特征，形成了自己独特的风格。

2.具有独特的锻炼价值

随着人民物质生活水平的不断提高，人们对精神食粮的需要也越来越迫切。繁重的工作和无休止的家务，会使人们的神经处于紧张状态，啦啦操所表现的活力和动态美，可以使人们获得心理上的满足，使绷紧的神经松弛，周身的血液通畅，让人们在欢悦的心情和气氛中体验到活力与动感,人的精神风貌、气质、修养也有所升华。人们通过啦啦操运动还可以提高自身文化修养和道德水准,对推进人类进步与文明有着促进作用。

3.具有鲜明的节奏感和美学功能

啦啦操是以自然性、韵律性为节奏,以节奏为中心的运动。啦啦操的节奏一般表现为动作力度的强弱和速度的快慢以及规律性的变化。相同的动作由于力度增强或减弱、速度加快或减慢等节奏变化,就可体现出丰富的内容。如一个动作可以两拍完成、一拍完成或一拍两动完成,这是速度的变化。在完成动作时肌肉用力的大小、强弱、快慢、刚柔等不同,使动作表现出动感活力、优美伸展、带动性和表演性极强的多种运动形态,形成不同风格的啦啦操动作。

4.运动负荷大,具有强烈的张力和影响力

任何的身体练习都要承受一定的运动负荷,才能达到运动的目的。啦啦操是依靠身体各部位、各关节的自身律动性的动作,运用不同风格的舞蹈动作,在动感的音乐中舞动,是近年广受人们喜爱的时尚体育运动项目之一。特别是追求时尚、向往美丽、富有活力、热情奔放的广大民众都非常喜欢在充满动感节奏的音乐中释放自己的热情,在欢快的音乐中舞动肢体、燃烧体内脂肪,在娱乐中运动、在运动中减脂塑形,这是一项具有多种功能的运动方式,是一项富有激情与活力、充满时尚元素的运动。啦啦操带给人们的是一种积极向上、充满正能量的运动精神。

第三节　啦啦操运动的价值

啦啦操这项独特的团队运动,在丰富校园文化和社会体育活动方面,起着非常重要的作用。它促进了青少年素质教育、校园体育文化建设以及全民健身运动。啦啦操运动可以使不同阶层、不同年龄的民众在项目中体验到理解、信赖、友情、和谐。啦啦操运动极大地丰富了体育艺术的种类和内涵,成为一项激情澎湃、振奋人心,集体育与艺术为一体的运动项目,受到大、中、小学校和社会各界的喜爱,是全民健身运动的重要内容之一。

一、有益于培养团队精神以及丰富文化生活内涵

积极向上、团结自信、相互包容、勇于奉献是啦啦操运动团队精神的真实写照。它需要参与者极佳的默契配合度,形成一种风险共担、利益共享的集体意识。每个参与者都必须互相配合、互相信任和互相鼓励。在和谐、友爱的运动环境中感受集体的温暖和情感的愉悦,树立良好的主人翁责任感,形成健康的生活方式。同时,啦啦操的各种积极向上的激励口号、队员在不同队形层次空间变化中的默契配合、团队整齐一致的集中表现等等,都充分体现了团队集体主义精神。这种团队精神始终贯穿于行动中,传播给身边

的每一个人,使旁观者被这样的团队精神感染,从而享受了运动的乐趣,获得了良好的情感体验,提高了对体育的欣赏能力。

二、有益于培养顽强的意志和积极进取精神

坚强、自信是体育运动中的精髓所在。啦啦操运动是一项充满激情与活力、蓬勃向上的体育运动,其中蕴含着体育运动中坚韧不拔、努力奋斗、勇于进取的精神。培养顽强的意志和积极进取的精神是在不断克服困难中培养起来的。在参与啦啦操运动和传播啦啦操文化时,每个参与者都要有乐观向上的态度、坚定的信心、积极进取的理念和永不言败的信念;在生活中无论遇到怎样的困难都要保持良好的心态,造就积极向上、奋斗进取的新时代的有为人才。

三、有益于增强体质,培养健康的体魄

啦啦操运动作为一项竞技运动,对于培养健康的体魄、健美的形态具有非常良好的作用。啦啦操运动融合了音乐、舞蹈、技术技巧等元素,运动员需在音乐的衬托下,互相配合完成高难度的舞蹈和技巧动作,这就需要在平时的训练中加强自己身体素质和专项素质的训练。培养良好的乐感,掌握娴熟的托举和抛接技巧以及各种复杂的舞蹈难度动作,而完成这些动作,需要运动员在平时的训练中加强速度、力量、耐力、柔韧和灵敏性等身体素质的训练,同时通过形体训练塑造优美端正的形态,通过舞蹈训练培养不同风格的舞蹈素质和身体协调能力,不断完善和提高啦啦操运动员的各项技能,强身健体,培养健康的体魄。

四、有益于提高心理健康水平与审美品位

啦啦操运动对人的心理影响也是多方面的。无论是在比赛场上还是场外,啦啦操项目动感的旋律、运动员饱满的激情、灿烂的微笑,使得气氛活跃,充满喜气、欢乐。这种欢快的气氛能有效地缓解沮丧、低落、抑郁等不良情绪,提高人们的心理健康水平。在国外,人们将啦啦操评价为"欢笑运动"。现代的啦啦操已不是单纯的体育运动,而是体育与艺术相结合的综合性艺术展现形式,讲究舞台舞蹈艺术、服饰、总体效果及观众效应等。无论是啦啦操的表演还是竞赛,人们都可以从中得到许多美的享受,如舞蹈啦啦操动作的优美,技巧啦啦操动作的惊险,音乐与动作的和谐美,场面的壮观,运动员的健康美、服饰美、道具美、形体美、道德美,等等,这些时尚健康多元素的美可以净化人们的心灵,提高人们的审美品位。

五、有益于掌握运动技能

啦啦操运动需要运动员在短时间内,通过完成高超的啦啦操特殊技术技巧,并结合

各种舞蹈动作,集中体现青春活力、健康向上的团队精神。因此,啦啦操运动员完成任何一个动作都需要掌握相应的动作技能。如技巧啦啦操在完成动作中要穿插翻腾、托举、抛接等多种技巧,这就需要啦啦操运动员经过无数次的训练不断提高力量、速度、灵敏度等专项素质,从而熟练掌握这些动作技能,才能完美地完成动作,呈现挑战自我的精神面貌,展现完美的舞台效果。

六、有益于提高文化修养

啦啦操运动代表着一种积极进取、蓬勃向上、奋斗必胜的精神和信念,体现了啦啦操运动的文化内涵和深远意义。在现代社会中,我们不仅要倡导个性的张扬和个人的创造力,同时更应该强调团队成员之间互相协作的精神和共同克服困难的勇气和决心。一个集体强大了,这个集体中每个成员的素质都将得到深化和提高。啦啦操运动正是向个人、群体和社会传播一种健康、积极的文化,它催人奋进、鼓舞人心。所有参与啦啦操运动的集体和个人都会被啦啦操的这种内在精神所感染,从而体现在日常的生活和学习中,助人为乐、互相支持。这种精神影响着身边的每一个人,使全社会的文化修养得到提高和升华。

七、啦啦操运动员参与社会公益活动,提升知名度,塑造良好的公众形象

啦啦操运动员积极发挥乐观向上的精神,投身于社会体育、文化建设活动与公益实践中,配合红十字会、志愿者协会等社会公益组织的各项活动,引导公众对社会公益活动关注与参与,实现体育精神与意志品质的再实践、再创造。啦啦操运动员通过参与公益活动,一方面,努力树立品行兼优、德智体美劳全面发展的标杆性形象,形成自身的知名度与社会价值地位;另一方面,提高公众对于啦啦操运动的认同度,促进啦啦操运动的持续发展,丰富和增加啦啦操运动的价值内涵与社会能量。

知识拓展

啦啦操是一项在音乐或口号的衬托下,通过展示各种具有强烈鼓动性、感染性的动作为形式,将动作、音乐、口号、道具、服装等要素融合在一起,通过丰富的队形和路线变化,展现青春活力、团结向上的团队精神的现代体育运动项目。

学以致用

1. 简述啦啦操的分类和特点。

2. 啦啦操诞生于哪个国家?它是一项独立赛事吗?简述你所了解的啦啦操项目。

第二章　啦啦操运动基础知识

应知导航

　　本章主要介绍啦啦操基本技术动作、基本手位动作、舞蹈啦啦操及技巧、啦啦操难度动作基本术语。啦啦操基本技术是学习啦啦操的入门基础,啦啦操基本手位是啦啦操动作技术规范,舞蹈啦啦操包括跳步类、转体类、平衡柔韧类三类基本难度,技巧啦啦操包括托举、篮抛、金字塔、翻腾和跳跃等基本难度。通过本章节的学习,学生能对啦啦操的学习有更进一步的了解。

第一节　啦啦操基本技术动作

　　基本技术动作是练习啦啦操的基础,是其最小的动作元素单位。成套动作就是在此基础上变化和发展起来的。只要掌握啦啦操的元素动作及其变化规律,练习就会变得简单。基本技术包括基本术语和基本动作技术要领等,是描述啦啦操动作技术过程的专门用语和专有词汇。由于啦啦操是一项进入我国时间较晚的体育运动项目,其基本术语一直未经严格规范,在一定程度上给啦啦操运动的练习造成了困难。因此,我们应先从了解啦啦操的基本术语开始。基本术语包括移动术语、概念术语和方位术语等。一般由6部分构成,即开始姿势、动作部位、动作方向、动作形式、动作做法和结束姿势。

　　1.开始姿势:有站立、起跳等。

　　2.动作部位:有头、臂、腿等部位。

　　3.动作方向:有前、后、左、右、上、下等。

　　4.动作形式:有团身、屈体、直体、分腿。

　　5.动作做法:有转体、屈伸、滚翻、空翻、抛接等。

　　6.结束姿势:有直立、半蹲等。

一、36 个基本手位动作

啦啦操手位动作是有着特殊规定和要求的,运动员必须按照规定的基本手位进行动作。要求所有啦啦操基本手位动作都锁肩并制动于体前。

1   2   3   4
5   6   7   8

图 2-1　36 个基本手位动作(1)

1.下 A(down A):两臂胸前下举,拳心相对(图 2-1-1)。

2.上 A(up A):两臂上举,拳心相对(图 2-1-2)。

3.高 V(high V):两臂斜上举握拳,拳心朝外(图 2-1-3)。

4.倒 V(low V):两臂侧下举握拳,拳心朝内(图 2-1-4)。

5.加油(applauding):两臂胸前上屈,双手握式击掌于胸前,肘关节内收(图 2-1-5)。

6.大 T(T):两臂侧平举,握拳,拳心朝下(图 2-1-6)。

7.短 T(half T):两臂胸前平屈握拳,拳心朝下(图 2-1-7)。

8.W(muscle man):两臂肩上屈,肘关节成 90°,握拳,拳心相对(图 2-1-8)。

图 2-1 36 个基本手位动作(2)

9.上 L(L):一臂上举握拳,拳心朝内,另一臂侧平举握拳,拳心朝下(图 2-1-9)。

10.下 L(low L):一臂侧平举,另一臂前下举握拳,拳心向内(图 2-1-10)。

11.斜线(diagonal):一臂斜上举,一臂斜下举,拳心朝下,成一斜线(图 2-1-11)。

12.K(K):一臂前上举,另一臂前下举,握拳,拳心向下(图 2-1-12)。

13.侧 K(side K):手臂同 K,弓步或开立(图 2-1-13)。

14.大弓箭(bow and arrow):一臂胸前平屈,另一臂侧平举。两手握拳,拳心朝下(图 2-1-14)。

15.小弓箭(bow):一臂侧平举,拳心朝下,另一臂胸前上屈,拳心向内(图 2-1-15)。

16. 短剑(half dagger):左手叉腰为例,右臂胸前上屈,拳心向内(图2-1-16)。

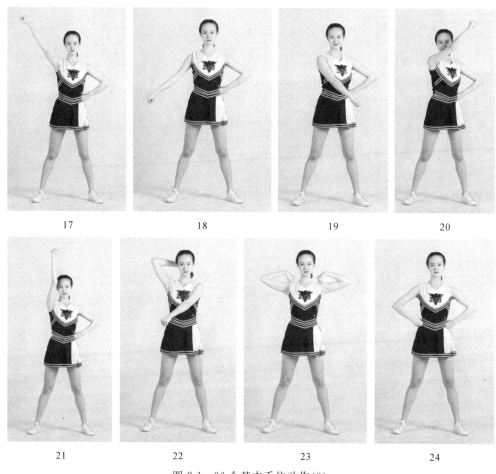

| 17 | 18 | 19 | 20 |

| 21 | 22 | 23 | 24 |

图2-1 36个基本手位动作(3)

17. 侧上冲拳(high side punch):左手叉腰为例,右臂侧上举冲拳,拳心朝外(图2-1-17)。

18. 侧下冲拳(low side punch):一手叉腰拳心朝后,另一臂做下 V 的一半(图2-1-18)。

19. 斜下冲拳(low cross punch):左手叉腰为例,右臂左前下冲拳,拳心朝下(图2-1-19)。

20. 斜上冲拳(up cross punch):左手叉腰为例,右臂左前上举冲拳,拳心朝下(图2-1-20)。

21. 高冲拳(high dunch):一臂前上举,拳心朝内,另一手叉腰,拳心朝后(图2-1-21)。

22. R(R):一手头后屈,拳心朝内,另一手向前下冲拳,做 K 的一半,拳心朝下 (图2-1-22)。

23. 上 M(up M):两臂肩上屈,手指触肩,肘关节朝外(图2-1-23)。

24. 下 M(hands on hip):两手叉腰于髋部,握拳,拳心朝后(图2-1-24)。

图 2-1　36 个基本手位动作（4）

25. 屈臂 X(bend X)：两臂交叉于胸前,拳心朝内(图 2-1-25)。

26. 高 X(high X)：两臂上举,交叉于头前上方,拳心朝外(图 2-1-26)。

27. 前 X(front X)：两臂前平举,交叉于体前,拳心朝下(图 2-1-27)。

28. 下 X(low X)：两臂下举,交叉于体前下方,拳心朝内(图 2-1-28)。

29. X（X)：双脚开立,两臂头后平屈,拳心朝内,肘关节朝外 (图 2-1-29)

30. 上 H(touchdown)：两臂上举与肩同宽,拳心相对(图 2-1-30)。

31. 小 H(little H)：一臂上举,另一臂胸前上屈,握拳,拳心朝内(图 2-1-31)。

32. 屈臂 H(bend H)：两臂胸前上屈,握拳,拳心相对(图 2-1-32)。

33. 前 H(front H)：两臂前平举与肩同宽,拳心相对(图 2-1-33)。

34. 下 H(low touchdown)：两臂前下举,拳心相对(图 2-1-34)。

35. 后 M(fists on hip)：两手握拳于腰间,拳心朝上,肘关节内收(图 2-1-35)。

36. O(up circle)：两臂呈圆形上举于头前上方,握拳相靠,拳心向下(图 2-1-36)。

二、啦啦操常用手型

常用手型是从芭蕾舞、现代舞、爵士舞、迪斯科、体操等不同项目中吸收和发展的。手型是手臂动作的延伸和表现,运用得好,会使啦啦操动作更加丰富多彩、生动活泼,更具有感染力(图 2-2)。

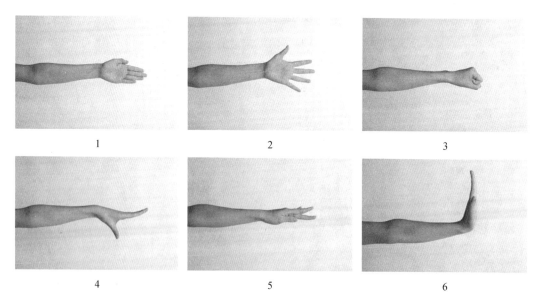

图 2-2　啦啦操的常用手型

图解:

1.并掌:五指伸直,相互并拢。大拇指微屈,贴于食指旁(图 2-2-1)。

2.开掌:五指张开伸直,力达指尖(图 2-2-2)

3.拳:拇指在外,指关节弯曲,紧贴于食指和中指(图 2-2-3)。

4.爵士舞手型:四指并拢虎口张开,大拇指同食指成 70°左右角度,力达手指尖(图 2-2-4)。

5.芭蕾舞手型:大拇指指尖轻轻碰到中指的指根处,食指和无名指微微上扬,小指略微高于无名指(图 2-2-5)。

6.立掌:五指并拢,翻腕用力上翘(图 2-2-6)。

三、啦啦操特殊手型

啦啦操特殊手型是指一些非常规的、不常用的手型动作,可表达编排的动作内容,使成套动作更加丰富多彩、生动活泼,更具有感染力。可在编排中使用以下手部动作(图 2-3)。

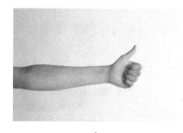

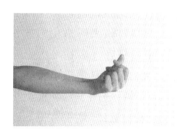

1   2   3

4   5

6   7

图 2-3   啦啦操的特殊手型

图解：

1. 真棒：握拳，竖起大拇指（图 2-3-1）。

2. 胜利：将食指和中指分开，形成"V"字（图 2-3-2）。

3. 响指：大拇指用力按住中指，同时小拇指和无名指自然弯曲，大拇指与中指相互用力，中指打在无名指与大拇指底部位置，并发出响声（图 2-3-3）。

4. 加油：双手击掌相握于胸前，大臂夹紧于身体两侧（图 2-3-4）。

5. 酷：一侧手臂胸前上举，手指呈"八"字形贴于下巴处，另一侧手叉腰（图 2-3-5）。

6. 力量：一侧手臂侧屈臂上举成 90°，手握拳，另一侧手叉腰（图 2-3-6）。

7. 欢呼：双臂上举并转动手腕，双手开掌（图 2-3-7）。

四、啦啦操常用步伐

啦啦操常用步伐是指在啦啦操成套动作中经常使用的步伐（图 2-4）。

1   2   3

图 2-4　啦啦操的常用步伐

图解：

1.并腿直立(图 2-4-1)。

2.分腿直立:两脚开立,与肩同宽,身体直立(图 2-4-2)。

3.并腿半蹲:两腿并拢,双膝微曲下蹲(图 2-4-3)。

4.分腿半蹲:两脚开立,下蹲,膝盖不超过脚尖,并与脚尖方向一致(图 2-4-4)。

5.前弓步:双脚前后开立,前腿屈膝,膝盖不超过脚尖,后腿膝盖伸直(图 2-4-5)。

6.侧弓步:双脚两侧开立,间距尽量拉大,一侧膝盖弯曲,膝盖与脚尖方向保持一致,另一侧膝盖伸直(图 2-4-6)。

7.小吸腿:支撑腿伸直站立,另一腿弯曲,绷脚尖,紧贴支撑腿膝关节处(图 2-4-7)。

8.大吸腿:支撑腿伸直站立,另一腿屈膝上提,呈 90°弯曲,脚尖指向地面(图 2-4-8)。

9.点地:支撑腿直腿踩地,另一腿屈膝脚尖点地(图2-4-9)。

10.拖步:主力腿向侧大步迈出,动力腿膝盖伸直,脚尖触地,随主力腿移动(图2-4-10)。

第二节　啦啦操难度基本动作

一、舞蹈啦啦操难度基本动作

舞蹈啦啦操是在音乐伴奏下,运用多种舞蹈元素,结合转体、跳步、平衡与柔韧等难度动作以及舞蹈的过渡连接技巧,通过空间、方向与队形的变化表现出不同舞蹈风格特点,强调速度、力度与运动负荷,展示运动舞蹈技能以及团队风采的体育项目。下面介绍舞蹈啦啦操的三类难度基本动作。

（一）柔韧与平衡类

柔韧是指人体关节活动幅度以及关节韧带、肌腱、肌肉、皮肤和其他组织的弹性和伸展能力,即关节和关节系统的活动范围。柔韧可以分为主动柔韧和被动柔韧。主动柔韧是指肌肉可以使关节活动的范围,被动柔韧则单纯是关节活动的最大范围。一般来说,女性和幼童的被动柔韧比较强,如果相应的肌肉发展不足,通常在主动柔韧方面不及成年男性。但是无论如何,主动柔韧不可能超出被动柔韧的活动范围。平衡是指用脚、单膝或臀部支撑于地面,身体保持某一静止姿势。舞蹈啦啦操的柔韧与平衡类难度动作,通过难度系数的不同分成若干难度动作,下面介绍一些常用的动作(图2-5)。

1　　　　　2　　　　　3　　　　　4

5　　　　　　6　　　　　　7　　　　　　8

9　　　　　　10　　　　　　11　　　　　　12

13　　　　　　14

图 2-5　柔韧与平衡类难度

1. 踢腿：指快速将腿抬起，向自己的头部方向靠拢。注意要有速度。如前踢腿（图 2-5-1）、侧踢腿（图 2-5-2）等。

2. 抱腿：双手将腿抬起，将腿紧紧贴于上体。如抱前腿（图 2-5-3）、抱侧腿（图 2-5-4）等。

3. 控腿：靠腿部的能力主动抬到自身能达到的高度并且要保持住。如高位控前腿（图 2-5-5）、高位控侧腿（图 2-5-6）等。注意柔韧能力若不足，控腿至中高位也属于控腿难度动作。

4. 吸腿平衡：支撑腿（可提踵）伸直站立，另一腿弯曲，绷脚尖，紧贴支撑腿，保持平衡静止姿势（图 2-5-7、图 2-5-8）。

5. 阿提秋平衡：是指主力腿或直立或半蹲，动力腿向后抬起 90°以上，膝关节略弯曲，将小腿与大腿间的距离夹角保持在 135°左右，膝关节至少与髋关节保持在一个水平高度，脚尖必须高过膝关节的静立姿态（图 2-5-9、图 2-5-10）。

6. 燕式平衡：一腿站立，另腿后举，两臂侧举，上体前屈，成俯式平衡姿势（图 2-5-11、图 2-5-12）。

7. 劈腿：指两腿分开 180°的动作。如纵劈腿（图 2-5-13）、横劈腿（图 2-5-14）等。

（二）转体类

转体是指身体绕垂直轴所做的动作或者身体平行与地面的转体动作。如吸腿转体、抱腿转体、控腿转体等，此类转体动作的术语不再做详细描述。舞蹈啦啦操的转体类难度动作，通过难度系数的不同分成若干难度动作，下面介绍一些常用的动作（图 2-6）。

| 1 | 2 | 3 |

4　　　　　　　5　　　　　　　6　　　　　　　7

8　　　　　　　9　　　　　　　10　　　　　　　11

12　　　　　　　13　　　　　　　14　　　　　　　15

| 16 | 17 | 18 | 19 |

图 2-6　转体类难度动作

1.平转:是指脚尖或半脚尖所做的转动,按直线双脚互换快速旋转,每只脚一次只转半圈,要注意留头。如平转360°、平转1080°等(图2-6-2、图2-6-2)。

2.立转:是指单足立脚踝,前脚掌着地的转动动作。如立转180°、立转360°等(图2-6-3、图2-6-4、图2-6-5、图2-6-6)。

3.巴塞转体:是指动力腿侧吸,脚尖轻触主力腿内侧的旋转动作。如单腿巴塞转体(行进间)360°等(图2-6-7、图2-6-8、图2-6-9、图2-6-10)。

4.阿提秋转体:是指主力腿或直立或半蹲,动力腿向后抬起90°,膝关节略弯曲,将小腿与大腿间的距离夹角保持在135°左右,膝关节至少与胯关节保持在一个水平高度,脚尖必须高过膝关节。如阿提秋转体360°等(图2-6-11、图2-6-12、图2-6-13、图2-6-14)。

5.阿拉C杠转体:指动力腿向旁伸直不收回,沿水平面急速划圈的单腿转。如阿拉C杠转体1周、阿拉C杠转体720°等(图2-6-15、图2-6-16)。

6.挥鞭转:指动力腿经过吸腿打,沿水平面急速划圈的单腿转。如挥鞭转1周、挥鞭转720°等(图2-6-17、图2-6-18、图2-6-19)。

(三)跳步类

在舞蹈啦啦操中,跳步类动作是指双脚离开地面,全身向各个方向做各种难度动作的一种舞步。在跳步中,多为一些形意的描述命名术语,如C跳、鹿跳、猫跳、莲花跳等。下面介绍一些常用的动作(图2-7)。

1.垂直跳:沿身体的垂直轴做空中跳跃的动作。如并腿垂直跳(图2-7-1)等。

2.分腿跳:沿身体的垂直轴做空中跳跃的动作,在空中呈分腿姿态。如小分腿跳(图2-7-2)、屈体分腿跳等。

3.鹿跳:空中前腿弯曲,后腿向后踢。如点头鹿跳(图2-7-3)。

1   2   3   4

图 2-7　跳步类难度动作

4.跨跳:大跳至凌空跃起,两腿在空中形成的开度不低于180°。如纵跨跳(图 2-7-4)、横跨跳等。

二、技巧啦啦操难度基本动作

技巧啦啦操是在音乐的伴奏下,嘹亮的口号、漂亮的托举动作、惊险刺激的抛接、高难度的金字塔和令人眼花缭乱的翻腾,以及灵活的跳跃动作,配合啦啦操基本动作,完成高超特殊运动技巧的团队运动项目。

下面介绍技巧啦啦操的基本动作技术要领和难度基本动作。

(一)基本动作技术要领

1.梗头:是指头颈部正直上顶,下颚内收的技术。如空翻起跳时的梗头技术。

2.低头:是指头部以颈部关节为轴做前屈技术,在做团身等动作时往往要求低头,如前滚翻。

3.顶肩:是指手掌在支撑及推离支撑点时,充分展开肩关节,提高支撑位置及加大推撑力量的动作,如前手翻的顶肩推手技术。

4.推手:是指在支撑过程中伸前臂肌群及屈臂肌群的快速收缩,配以顶肩做推离支点的动作,如技巧啦啦操中前手翻的推手动作等。

5.含胸:是指两肩和胸内收,稳定和提高身体重心的动作,如技巧啦啦操中的倒立动作。

6.挺胸:是指肩背肌群收缩、胸廓扩展,防止身体前翻或使动作更富美感的动作,如技巧啦啦操中的手翻类挺胸展体动作。

7.抬头:是指头部以环枕关节为轴做后屈动作。在做挺胸、身体后屈等动作时往往采用抬头动作,如技巧啦啦操中燕式平衡等。

8.立腰:是指通过腰腹部肌群收缩,使脊柱充分伸直,立上体做短暂固定的紧腰动作,如舞蹈啦啦操中的各种转体动作。

(二)难度基本动作

1.托举

一人或多人组成的底座把尖子托离地面,在不同的高度空间完成不同姿态的动作造型。托举动作的特点要准、稳,底座和后点配合默契,节奏明确,尖子保持适度身体紧张状态。托举的位置分为:髋位、肩位、高位和火炬式四种。

(1)托举难度中,尖子的身体姿态有:分腿站立、并腿站立、单脚吸腿、侧搬腿、后控腿、后搬腿、侧抱腿(图2-8)。

图2-8 托举难度中的尖子身体姿态

（2）托举难度中托举形式分为：单底座托举，双底座托举和多底座托举三种形式（图2-9）。

①单底座托举动作范例（图2-9-1—图2-9-2）

②双底座托举动作范例（图2-9-3—图2-9-4）

      1   2   3   4

图2-9　单、双底托举动作范例

③多底座托举动作范例（图2-10）

      1   2   3   4

图2-10　多底座托举动作范例

托举难度中的术语：

（1）底座：是直接承受重量并与地面接触的人，他为其他人提供支持，并通过托、举、抛等帮助尖子完成技巧动作。

(2)后点底座(后点底座保护人):是站在技巧组合的后面,主要负责在尖子做既定的下法或者落下动作中保护他的头和肩膀的人。

(3)前点底座(前点底座保护人):某队员处于为增加技巧力量或为抛接增加高度的人,他们不参与支架过程。

(4)尖子:在技巧动作或者抛掷时最上面的人称为尖子。

(5)二尖:位于罗汉造型第二层的同伴。

(6)髋位托举:一种托举准备姿势,尖子的脚位于平行与底座髋部高度的托举,可以单脚准备,也可以双脚准备,也可以踩在底座的大腿上。

(7)肩位托举:当尖子被底座举到肩膀高度时称为肩位托举。

(8)高臂托举:将尖子的整个身体在底座头上方托起延伸的垂直位置。

(9)站肩托举:尖子脚站在底座的肩上的动作。

(10)过渡托举:一个尖子从一个托举过渡到另一个托举,其过程可以交换底座或者不交换底座。

(11)托举移动:在罗汉造型或托举中,底座和尖子保持接触并调整队形的移动状态。

(12)亮相过渡:从一个托举动作到另一个托举动作过程的亮相姿态。

(13)回接:接到尖子后回到另一个动作,尖子的一脚点地蹬起接动作。

(14)下法:尖子从底座身上被抛落地动作。

2. 篮抛

篮抛即底座从髋位将尖子抛到空中,尖子在空中完成不同姿态的动作技巧,空中的尖子和底座没有任何接触,再回到底座摇篮接住的动作过程。其动作特点是轿子稳,发力要快,底座和后点配合默契,节奏统一,尖子配合底座发力(晚发力)。

抛接过程分为抛、空中姿态、下落、接四个步骤。

篮抛难度中的术语:

(1)篮抛(轿抛):不超过四人底座的抛接,其中两个人的手腕相互扣紧。

(2)海绵抛:多底座的抛接。

(3)摇篮抛:不超过四人底座的抛接,其中底座将手臂扶于尖子后背或腹部的抛接。

(4)直体抛:尖子直体完成腾空动作,包括直体水平抛接动作。

(5)摇篮接:一种由3人组成的接法,即左、右、后三个底座接。要求:左右两侧的底座手掌向上接住尖子,一只手在尖子的背下,另一只手在尖子的大腿下,后面的底座必须双手握拳接住尖子的腋下,尖子腾空后落下时必须面部朝上成梭子。

(6)转移抛接:是一组底座将尖子抛向另一组底座的抛接形式。姿势落下,接时有缓冲。

(7)抛踢转体:抛接中,用于包含一个踢和360°旋转的抛接。

(8)回接:接到尖子后回到另一个技巧。

3. 金字塔

金字塔指由多个托举或者连接的托举相互支撑,并产生联系的动作。金字塔的动作特点是托举动作要准、稳;底座和后点配合默契,节奏明确,尖子保持适度身体紧张状态。金字塔技术动作分为上架、形成金字塔、下架三个步骤。

金字塔难度中的术语:

(1)1人半金字塔:以身体的长度为测定标准,包括:底座以高臂托举的姿态托起尖子臀部的高度;尖子的脚站在底座的大腿上的高度;尖子臀部位于底座肩部的高度。

(2)2人高金字塔:以身体的长度为测定标准,包括:尖子脚位于底座肩部的高度,包括肩位托举及站肩托举,如有2层2人高(手连接)、2层2人高(手、脚连接)和3层2人高。

(3)2人半高金字塔:以身体的长度为测定标准,包括:底座以高臂托举的姿态托起尖子脚的高度,如有2层2人半高(双脚托)、2层2人半高(单脚托)、3层2人半高、3层2人半高(抛上3层)、3层2人半高(尖子多于中层)和3层2人半高(抛出转体上3层或抛出分腿上3层)。

(4)过渡金字塔:尖子从一个托举移动到另一个托举,其过程可以交换底座或者不交换底座。但至少有一个二尖或底座始终保持与尖子的持续接触。

4. 翻腾

翻腾是指在地面上完成各类体操项目中的腾空类动作。翻腾的动作特点是动作要腾空高,翻转速度快,变化多。

翻腾分为原地翻腾和行进间翻腾两种。

原地翻腾:是指从站立的姿势开始,没有任何前进动作的情况下开始动作。

行进间翻腾:为了获取一个技巧的动力,先做跑动,可以上步和迈步。

翻腾难度中的术语:

(1)滚翻:是指身体的不同部位依次支撑地面并经过头部的翻转动作,如前滚翻、倒立前滚翻、后滚翻、倒立后滚翻、鱼跃前滚翻等。

(2)手翻:是指用手或头手支撑经过头部翻转,并伴有身体腾空的动作,如侧手翻(单臂、双臂)、前手翻、后手翻等。

(3)空翻:是指身体腾空时做围绕横轴或前后轴、经过头部翻转的动作,如屈腿侧空翻、直腿侧空翻、团身前空翻、屈体前空翻、挺身前空翻、直体后空翻。

(4)空翻转体:是指把空翻和转体同时做成一个动作,以人体横轴或前后轴为轴的空翻,同时完成以人体纵轴为轴的转体,也称旋,如团身后空翻一周转体360°、直体后空翻转体360°等。

(5)软翻:一种非空翻的技巧,包括运动员在向前或者向后的翻腾过程中(常常是双腿呈劈叉状态)得到一个或者两个手的支撑。如前软翻、后软翻等。

（6）接：两个单个完整动作之间要求连续完成时用"接"字把它们连接起来，如后手翻接直体后空翻转体360°、后手翻接直体后空翻等。

（7）连续：依次做同一个动作，即同一个动作的重复。如：连续后软翻、连续挺身前空翻、连续侧手翻等。

5.跳跃

跳跃，指两脚用力离开原地向上跳起，在空中展现不同身体姿态后双脚平稳落地。跳跃运动都有四个紧密相连的动作阶段：助跑、起跳、腾空、落地。

助跑：人体向前水平移动阶段。

起跳：人体向前水平移动转变为向前上运动阶段。

腾空：人体离地后的空中腾越阶段。

落地：人体腾空后着地阶段。

以下介绍常见的跳跃难度：

X跳：手臂上V手位，双腿伸直，脚尖延伸，身体成"X"（图2-11-1）。

团身跳：手臂小T手位，身体团身，膝盖与双脚并拢，脚尖绷紧（图2-11-2）。

跨栏跳：手臂下V手位，左腿侧踢贴耳侧，右腿后屈（图2-11-3）。

屈体分腿跳：手臂大T手位，分腿侧踢，绷脚尖（图2-11-4）。

1　　　　　2　　　　　3　　　　　4

图2-11　常见的跳跃难度

知识拓展

口号通过语言和动作展示，配合长时间呐喊，引起观众积极呼应和响应的表演。口号可使用的道具：花球、喇叭、标志牌、旗帜。

　　口号评判标准:口号要统一同步,干净利落,声音短促有力,感染全场;配合的手位动作要技术准确到位;出现的难度级别不限,不计难度数量和分值;适当的技术技巧动作可增强口号整体效果,表现形式不可与口号分离;口号内容要健康向上,富有激情和感染力。优秀的口号编排可以充分展示全队的团队精神,更好地调动观众的情绪,烘托赛场气氛。

　　啦啦操术语对于啦啦操而言是很重要的一部分。啦啦操术语是啦啦操理论和技术等方面的专门用语。其文字简练,且含有特定的信息,是传播交流啦啦操信息不可缺少的工具。本章主要介绍了啦啦操的基本手位、手型、步伐,舞蹈啦啦操难度基本动作和技巧啦啦操难度基本动作。正确地运用啦啦操术语不仅有利于啦啦操教学训练的顺利进行,而且对于啦啦操运动的普及和提高、啦啦操科学研究、啦啦操理论的规范和发展有重要意义。

 学以致用

1.舞蹈啦啦操和技巧啦啦操的难度动作各分为哪几类?
2.请列举啦啦操的基本手位动作。

第三章　啦啦操运动基本技术及运用

应知导航

　　本章介绍了啦啦操项目的成套组合动作,分别为舞蹈啦啦操项目的花球、爵士、街舞,分初、中、高共九个不同等级套路,以及技巧啦啦操项目的基础套路和提高套路。同学们可按需所取,掌握啦啦操不同项目的动作技术,本章节成套动作具有一定表演性,不仅具备训练提高价值,还具有很好的观赏价值。

第一节　花球舞蹈啦啦操

花球啦啦操自编组合

一、初级水平示范套路(8×8 拍)

1×8 拍(图 3-1)

| 准备造型 | 1 | 2 | 3 | 4 |

<table>
</table>

5　　　6　　　7　　　哒　　　8

图 3-1　花球啦啦操初级套路(1)

准备造型:并腿直立,手臂加油手位。

1——左脚侧迈一步,手臂斜上冲拳手位,左臂在上。

2——右脚并左脚,双膝微曲,左臂胸前平屈,右手叉腰。

3—4 同 1—2。

5—6——双脚跳至开立,左臂开始,右臂紧跟,双臂在身体冠状面逆时针划圈,绕至小臂重叠,右臂在上。

7 哒 8 身体姿态不变,头部微微抬起,做一个点头动作。

2×8 拍

1　　　　　　　　　　　2

| 3 | 4 | 5 |

图 3-2　花球啦啦操初级套路(2)

1——右脚向前迈步并顶右胯,手臂大 T 手位。

2——左脚踏步,同时左后转体 180°,双臂直臂下压至体侧。

3——右脚上步,同时继续左后转体 180°,回至正面,双臂保持不变。

4——左脚并右脚,成直立,双臂保持不变。

5——左脚侧迈一步顶左跨,右脚点地,右膝向外翻转,手臂做高冲拳手位,左臂在上。

6—8——保持第 5 拍姿势不动。

3×8 拍

同第 1 个八拍动作,方向相反。

4×8 拍

同第 2 个八拍动作,方向相反。

5×8 拍(图 3-3)

图 3-3 花球啦啦操初级套路(3)

1——身体转向左斜前方,顶左胯,右脚脚尖内扣点地,左臂贴于体侧,右臂斜下冲拳。

2——右脚并左脚成直立,左臂不变,右臂肩上曲,肘关节呈 90°,拳心向内。

3——右脚上步,身体转向右斜前方,顶右胯,左脚脚尖内扣点地,右臂贴于体侧,左臂斜下。

4——右臂胸前上曲,其他姿态保持不变。

5——左脚并右脚,身体面向右斜前方,手臂做 W 手位。

6——动作同 5,保持不变。

7——跳至分腿半蹲,双臂做倒 V 手位。

8——跳至并腿直立,手臂做高 V 手位。

6×8 拍(图 3-4)

1   2   3   4

5   哒   6

哒   7   哒   8

图 3-4　花球啦啦操初级套路(4)

　　1—4——右脚侧迈一步成分腿,双膝弹动4次,同时小臂在胸前做4次向外绕球,身体由左向右转动(图1、2、3、4)。

　　5 哒 6 哒——并腿跳两次,小臂内收两次,拳心向内(图5、哒、6、哒)。

　　7 哒 8——并腿跳两次,双手头顶击花球2次(图7、哒、8)。

　　7×8 拍

　　同第 5 个八拍动作,方向相反。

　　8×8 拍

　　同第 6 个八拍动作,方向相反。

　　二、中级水平示范套路(8×8 拍)

　　1×8 拍(图 3-5)

准备造型　　　　　　　1　　　　　　　　2-4　　　　　　　　5

6　　　　　　　　　　7　　　　　　　　　　8

图 3-5　花球啦啦操中级套路(1)

准备造型:并腿直立,手臂做下 H 手位。

1——左脚后撤一步,左臂先开始,右臂紧跟沿矢状面绕圆。

2——左后转180°,右脚并左脚,双膝半蹲,上体前倾,手臂做下 H 手位。

3—4——保持第 2 拍动作。

5——左脚侧迈一步,重心顶在左胯,左臂摆至倒 V 的手位位置,右臂屈臂背手于身后,向左倒头。

6——如钟摆一样,将身体重心移到右侧。

7—8——动作同第 5、6 拍,继续钟摆 2 次。

2×8 拍(图 3-6)

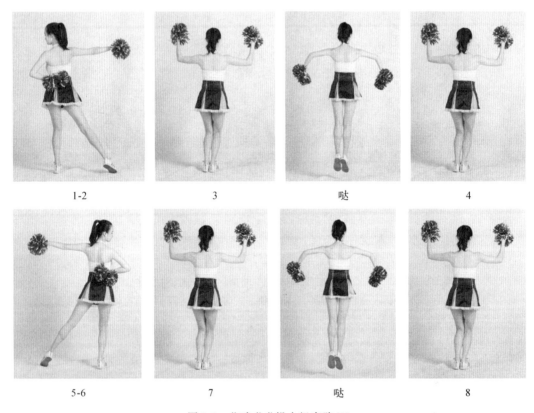

1-2	3	哒	4
5-6	7	哒	8

图 3-6　花球啦啦操中级套路(2)

1—2——左脚向左侧拉一步,右腿伸直拖布。左臂屈臂背手于身后,右臂做 T 型手位动作。

3 哒 4——并腿跳 2 次,每次落地双臂弹动至 W 手位。

5—6——动作同第 1—2 拍,方向相反。

7 哒 8——动作同 3 哒 4。

3×8 拍(图 3-7)

| 1-2 | 3-4 | 5-6 | 7 | 8 |

图 3-7　花球啦啦操中级套路(3)

1——双脚跳至开立,做下 V 手位。

2——保持第 1 拍动作不变。

3——右后转体 180°,双膝微曲,肘关节张开,双手放于右胯。

4——保持第 3 拍动作不变。

5——上体左转 90°并下压,双臂冲拳下举。

6——保持第 5 拍动作不变。

7——上体直立,手臂做高 V 手位。

8——身体姿态不变,手臂做小 T 手位。

4×8 拍(图 3-8)

| 1 | 2 | 3 | 4 |

5　　　　　　6　　　　　　7　　　　　　8

图 3-8　花球啦啦操中级套路(4)

1——左脚向前一步,双臂做下 X 手位。

2——右脚向前一步,双臂做倒 V 手位。

3——左脚向前一步,左臂姿态不变,右臂做左斜下冲拳。

4——右脚向前一步,双臂做小 T 手位。

5——左脚向前一步,左臂姿态不变,右臂做左斜下冲拳。

6——右脚向前一步,手臂做第 5 拍的相反动作。

7——并腿半蹲,上体前倾,双臂做加油手位。

8——身体直立,双臂贴于体侧。

5×8 拍(图 3-9)

1　　　　　　2　　　　　　3　　　　　　4

5-6   7   8

图 3-9　花球啦啦操中级套路(5)

1——双脚跳至开立,双臂做高 V 手位。

2——并腿屈膝,上体下压,右臂前伸并垂直于地面,左臂肘关节弯曲,左手贴于右臂肘关节处。

3——右脚向前后踢腿跳,左臂贴于体侧,右臂伸直沿身体右侧做矢状面绕圈。

4——右脚向前一步,双臂贴于体侧。

5——下肢姿态不变,双臂做加油手位。

6——动作同第 5 拍不变,双臂胸前击球一次。

7——双脚跳至开立,双臂做高 V 手位。

8——上体右转 90°,前倾并半蹲,双手放于右腿膝盖上。

6×8 拍(图 3-10)

1   2   3   4

| 5 | 哒 | 6 | 7 | 8 |

图 3-10　花球啦啦操中级套路(6)

1——身体立直转回正面,左臂做 T 手位,右臂贴于体侧。

2——半蹲并上体下压,双手放于双腿膝盖。

3——跳至右脚在前左脚在后,立踵,双臂做前 X 手位。

4——双腿跳至分腿半蹲,双臂做倒 V 手位。

5—6——身体姿态不变,重拍时左肩向前顶两次,弱拍时右肩向前顶。

7——跳至右脚在前左脚在后,立踵,双臂做高 X 手位。

8——双腿至分腿半蹲,双臂做倒 V 手位。

7×8 拍(图 3-11)

| 1 | 哒 | 2 | 3 |

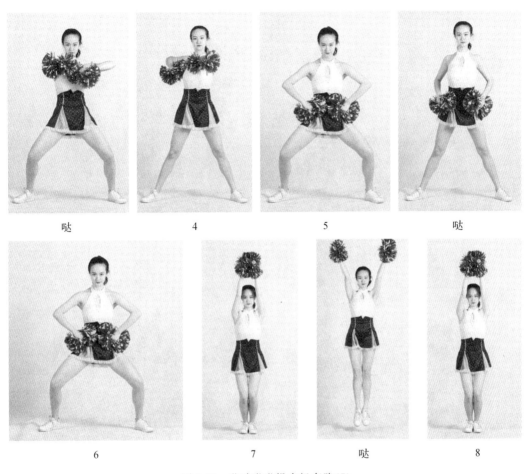

哒 　　　　　4 　　　　　5 　　　　　哒

6 　　　　　7 　　　　　哒 　　　　　8

图 3-11　花球啦啦操中级套路(7)

1 哒 2——保持分腿半蹲,双手贴胯,肘关节弯曲,重拍时向后震胸 2 次,弱拍时膝盖伸直并挺胸。

3 哒 4——身体姿态不变,手臂做向前冲拳,重拍时膝盖伸直左手向前冲拳,弱拍时膝盖弯曲重心下沉并右手向前冲拳。

5 哒 6——动作同 1—2。

7 哒 8——并腿跳 1 次,双臂伸直,重拍时双手头顶击花球 2 次。

8×8 拍(图 3-12)

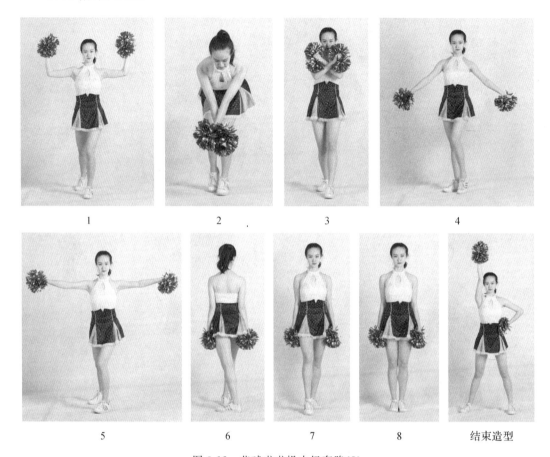

图 3-12　花球啦啦操中级套路(8)

1——左脚向前迈步,手臂做 W 手位。

2——右脚向前点于左脚旁,双膝微曲,上身下压,双臂做下 X 手位。

3——右脚后退一步,身体立直,双臂做屈臂 X 手位。

4——左脚向后点于右脚旁,双臂做倒 V 手位。

5——左脚向前一步成弓步,双臂做 T 型手位。

6——右后转身 180°,双臂贴于体侧。

7——左脚向前一步并继续右后转身 180°,双臂保持不变。

8——右脚后退一步并左脚,双臂保持不变。

结束造型:双脚跳至开立,手臂做高冲拳手位,右臂在上。

三、高级水平示范套路(8×8 拍)

1×8 拍(图 3-13)

| 1-4 | 5 | 6 | 7 | 8 |

图 3-13　花球啦啦操高级套路(1)

1—4——身体面朝左斜前方,右脚前点,左腿直立,双臂做屈臂 X 手位动作,头向正前方。

5——身体姿态不变,提右胯,双臂打开做倒 V 手位。

6——重心下压,顶左胯,手臂做屈臂 X 手位。

7—8 动作同 5—6。

2×8 拍(图 3-14)

| 1 | 2 | 3 | 4 |

5-6　　　　　　　　　　　　7　　　　　　　　　　　　8

图 3-14　花球啦啦操高级套路(2)

1——右脚向前一步,双膝微曲,双臂做加油手位。

2——左脚向侧点地,膝盖伸直,右膝微曲下蹲,手臂做左上 L 的手位。

3——并腿立踵,双臂做上 H 手位。

4——左脚向前一大步成弓步,上体下压前倾,双臂做倒 V 手位。

5——并腿半蹲,身体立直,双臂屈臂打开至倒 V 手位。

6——保持第 5 拍动作不变。

7——右脚后撤一步,左臂背手于身后,右臂屈臂肘关节朝下,拳心朝上。

8——左脚后撤一步,右臂背手于身后,左臂屈臂肘关节朝下,拳心朝上。

3×8 拍(图 3-15)

1　　　　　　　2　　　　　　　3　　　　　　　4

| 5 | 6 | 7 | 8 |

图 3-15　花球啦啦操高级套路(3)

1——右脚向侧一步成开立,双臂做小 T 手位。

2——左脚上步,右后转体180°,双臂保持小 T 手位动作不变。

3——右脚上步,继续右后转体180°,双臂保持小 T 手位动作不变。

4——左腿内扣吸腿,双臂做开口向左的大弓剑手位动作,身体面朝右斜前方。

5——左脚向后点地,膝盖伸直,双臂做屈臂 X 手位,身体面朝右斜前方。

6——胯部由左经后至右绕半圈,手臂姿态保持不变,重心下压,身体转回正面。

7——身体立直,右脚脚尖内扣点地,双臂打开呈上 V 手位。

8——向左落胯,右膝内扣,脚尖点地,双臂保持上 V 手位动作不变。

4×8 拍(图 3-16)

| 1 | 2 | 3-4 |

5　　　　　　　6　　　　　　　7　　　　　　　8

图 3-16　花球啦啦操高级套路(4)

1——双脚跳至左脚在前右脚在后,右腿弯曲,脚尖踩地,双臂做上 X 手位。

2——右脚向侧一步成开立,身体面朝右斜前方,双臂做屈臂 H 手位。

3——上体下压,双膝自然弯曲,左臂伸直并垂直于地面,右臂背手于身后。

4——保持第 3 拍动作不变。

5——上体立直朝右斜前方,下肢姿态保持不变,双臂做小 T 手位。

6——身体姿态不变,双臂伸直呈倒 V 手位。

7——左脚后退一步,面朝正面,左臂头后屈,拳心朝前,右臂斜上冲拳。

8——右脚继续后退一步,身体姿态保持不变,左臂不变,右臂沿身体冠状面经体前绕圈至斜下位置。

5×8 拍(图 3-17)

1　　　　　　　2　　　　　　　3　　　　　　　4

| 5-6 | 7 | 8 |

图 3-17 花球啦啦操高级套路(5)

1——左脚后退一步,身体立直,左臂前下举握拳,拳心朝内,右臂前上举,拳心朝内。

2——右脚继续后退一步,身体姿态保持不变,右臂前下举握拳,拳心朝内,左臂前上举,拳心朝内。

3——左脚后退并左后转体180°,成左脚在前的弓步,双臂做倒 V 手位。

4——右后转体180°转回正面,成右脚在前的弓步,双臂继续做倒 V 手位。

5——右脚侧迈成侧弓步,左腿伸直脚尖点地,右腿微曲膝盖朝正面,上身姿态不变,双臂做 T 手位。

6——保持第5拍姿势不变。

7——向左摆胯,双臂肘关节弯曲,双手拍胯一次。

8 动作同7,方向相反。

6×8 拍(图 3-18)

| 1 | 2 | 3-4 |

| 5 | 6 | 7 | 8 |

图 3-18　花球啦啦操高级套路(6)

1——双腿开立半蹲,身体面朝右斜前方,左臂伸直斜下举,右手叉腰。

2——身体立直,左脚脚尖踩地并内扣,左臂斜上举,右手叉腰。

3——跳至并腿直立,双臂做加油手位。

4——保持第 3 拍动作不变。

5——左脚向前一步成弓步,上体直立,左臂侧平举,右臂前平举。

6——吸右腿同时右转 360°,左手扶右胯,右臂屈臂头后举。

7——跳至分腿半蹲,身体微微前倾,双臂做倒 V 手位。

8——跳至并腿直立,双臂做上 V 手位。

7×8 拍(图 3-19)

| 1 | 2 | 3 |

| 4 | 5-6 | 7-8 |

图 3-19　花球啦啦操高级套路(7)

1——分腿跪地,双臂做下 X 手位。

2——身体姿态不变,双臂打开做 T 手位。

3——左臂头后屈,右臂背手于身后,挺胸仰头。

4——前倾低头,左臂伸直手触地,右臂保持不变。

5—6——姿态保持不变并抬头。

7—8——姿态保持不变,右臂前伸触地。

8×8 拍(图 3-20)

| 1-2 | 3-4 | 5-6 | 7-8 |

图 3-20　花球啦啦操高级套路(8)

1—2——重心左移,臀部坐地。

3—4——右后转,从右腿到左腿依次打开伸直成开腿状。

5—6——继续右后转 180°,成右膝跪撑动作,低头上体前倾。

7—8——并腿直立,双臂做加油手位动作。

小贴士：

花球材质及规格

1.花球材质：花球材质为不掉色、不掉条、无毒的塑料材质，按颜色和图案分为塑料哑光材质、塑料亮色材质、金属材质、镭射材质、斑马材质、七色彩膜材质、荧光色材质、玻璃花材质。

2.花球规格：花球规格按尺寸分为 4 号、5 号、6 号三种规格。

3.花球握法：将手花球中间圆形手柄贴于掌心处，五指收紧呈握拳状将手柄握牢。

第二节　爵士啦啦操

爵士啦啦操自编组合

一、初级水平示范套路(8×8 拍)

1×8 拍(图 3-21)

| 准备造型 | 1-2 | 3-4 | 5-6 | 7-8 |

图 3-21　爵士啦啦操初级套路(1)

准备造型：并腿直立，双臂斜下举，掌心向下。

1—2——左脚向前一步，双臂胸前交叉，掌心向上。

3—4——右脚向侧打开脚尖点地，双臂经前向侧打开至侧平举，立掌，掌心向外。

5—6——右脚向前一步，双臂自然放回体侧。

7—8——左脚向侧打开脚尖点地,左臂上举,掌心向外,右臂保持不动。

2×8 拍(图 3-22)

1-2 3-4 5

6 7 8

图 3-22 爵士啦啦操初级套路(2)

1—2——左脚并右脚,左脚脚尖踩地,同时身体转向右斜前方,上体前倾,双臂胸前交叉,掌心向上。

3—4——左脚后撤点地,上体上扬,双臂斜上举,掌心向外。

5—8——左脚开始踏步 4 次并向左平转一周，身体直立，双臂斜下举，掌心向内。

3×8 拍（图 3-23）

| 1-2 | 3-4 | 5-6 | 7-8 |

图 3-23　爵士啦啦操初级套路（3）

同 1×8 拍，方向相反。

4×8 拍（图 3-24）

| 1-2 | 3-4 | 5 |

| 6 | 7 | 8 |

图 3-24　爵士啦啦操初级套路（4）

同 2×8 拍，方向相反。

5×8 拍（图 3-25）

| 1-2 | 3-4 | 5-6 | 7-8 |

图 3-25　爵士啦啦操初级套路（5）

　　1—2——左脚向侧一步，双腿半蹲，重心向下，左臂打开至侧平举，掌心向下，力达指尖，右臂贴于体侧。

　　3—4——左脚收回成直立，双臂伸直贴于体侧。

　　5—6同1—2，方向相反。

7—8同3—4,方向相反。

6×8拍(图3-26)

| 1-2 | 3-4 | 5-6 | 7-8 |

图 3-26　爵士啦啦操初级套路(6)

1—2——左脚向前一步,重心下压,左臂侧平举,右臂前平举,掌心向下。

3—4——右腿前吸,上体直立,双臂上举,掌心相对。

5—6——右腿伸直向侧点地,重心下沉,身体面向左斜前方,左臂后举,右臂前举。

7—8——右脚并左脚成直立。

7×8拍(图3-27)

| 1-2 | 3-4 | 5-6 | 7-8 |

图 3-27　爵士啦啦操初级套路(7)

1—2——左脚向右斜前方点地,同时身体转向右斜前方,双臂胸前交叉,掌心向上。

3—4——右腿屈膝,左脚尖经前擦地画圆至侧,同时身体转回正面,双臂经前向侧打开至侧平举,立掌,掌心向外。

5—6——重心移至左腿,右脚尖点地,身体转向左斜前方,左臂背手于身后,右臂上举,掌心向外,头微微右倒。

7—8——右脚并左脚,脚尖踩地重心下压,上体前倾,左臂背手于身后,右臂经前至前下举,掌心向上。

8×8 拍(图 3-28)

| 1-2 | 3-4 | 5-6 | 7-8 |

图 3-28　爵士啦啦操初级套路(8)

1—2——身体立直,重心后移,左脚前点,双臂斜下举,掌心向内。

3—4——身体保持直立,交换重心至右脚前点,双臂斜上举,掌心向外。

5—6——并腿屈膝,上体前倾,重心下压,双臂胸前交叉成怀抱。

7—8——双脚跳开,立踵,上体立直朝右斜前方,双臂斜上举,掌心向外。

二、中级水平示范套路(8×8拍)

1×8拍(图3-29)

准备造型　　　　　1　　　　　　2　　　　　　3

4　　　　　　5-6　　　　　　7　　　　　　8

图3-29　爵士啦啦操中级套路(1)

准备造型:并腿立踵,双臂斜下举,掌心向下。

1—4——右脚向前跳出一步,左腿屈膝后抬,双臂经体前交叉,向外绕环至侧平举,掌心向上。

5—8——左脚继续向前跳出一步,右腿屈膝后抬,双臂经体前交叉,推开至侧平举,掌心向外。

2×8 拍(图 3-30)

1   2   3   4

5   6   7   8

图 3-30　爵士啦啦操中级套路(2)

1——右脚落地成开立,身体面向右斜前方,双臂前平举交叉。

2—4——上体转回正面,左臂经前打开至侧平举,掌心向下,右手经左臂、胸前至侧平举,翻腕两手掌心向上。

5—8——身体保持不变,头部按逆时针方向绕转一圈。

3×8 拍(图 3-31)

1　　　　　　　2　　　　　　　3　　　　　　　4

5　　　　　　　6　　　　　　　7　　　　　　　8

图 3-31　爵士啦啦操中级套路(3)

　　1——右脚向侧跳出一步,左腿伸直后摆,左臂侧平举,掌心向下,右臂斜上举,掌心向外。

　　2——左脚落右脚前,右脚脚跟提起,双腿屈膝,重心下压,左臂斜下举,右臂向后划圈摆至胸前斜下位置。

　　3——右脚向右斜前方迈出一步,双臂伸直,贴于体侧。

　　4——左脚继续向右斜前方迈出一步,身体姿态保持不变。

　　5——右腿上吸,双臂抬起、手腕下压于胸前,低头。

6——右脚前踩一步落地成大弓步，仰头挺胸下腰，双臂斜后举。

7——身体立直，双臂斜上举，掌心向外。

8——身体姿态不变，双臂下压，贴于体侧。

4×8 拍（图 3-32）

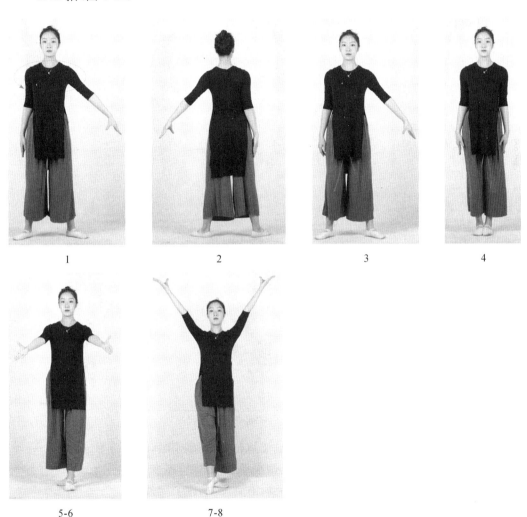

1　　　　　　　2　　　　　　　3　　　　　　　4

5-6　　　　　　　7-8

图 3-32　爵士啦啦操中级套路（4）

1—4——左脚开始踏步 4 次并向左平转一周，身体直立，左臂斜下举，掌心向内，右臂保持不变。

5—6——右脚后撤一步，双臂斜下举，掌心向上。

7—8——左脚继续后撤一步,双臂斜上举,掌心向上。

5×8 拍(图 3-33)

1 2 3 4

5 6-7 8

图 3-33 爵士啦啦操中级套路(5)

1——右脚向前一步,屈膝下压,左臂贴于体侧,右臂侧平举,掌心向下。

2——左脚继续向前一步,左臂打开至侧平举,右臂保持不变,掌心向下。

3——右脚继续向前一步,左臂保持不变,右臂上举,掌心朝外。

4——左脚继续向前一步,左臂上举,右臂保持不变,掌心向外。

5—8——右脚向前一步并顶右胯,两腿半蹲前后分开,两臂斜下举,掌心朝下,从左至右转头一圈。

6×8 拍（图 3-34）

1   2   3   4

5-6   7-8

图 3-34　爵士啦啦操中级套路（6）

1—2——左脚开始朝右斜前方上前两步，身体立直，双臂贴于体侧。

3——左脚继续向前一步，身体姿态保持不变，双臂胸前上曲，拳心向内。

4——右腿向前大踢腿，双臂上举，掌心向外。

5—6——右脚后落、脚尖踩地，成左腿前弓步，仰头挺胸后倒，左臂前平举，右臂侧平举，掌心向下。

7—8——右脚继续向斜前方迈出一步，身体立直，双臂贴于体侧。

7×8 拍(图 3-35)

| 1-2 | 3-4 | 5 | 6 | 7-8 |

图 3-35　爵士啦啦操中级套路(7)

1—2——身体转回正面,身体直立,并腿,左脚尖踩地,双臂斜下举,掌心朝下。

3—4——双腿跳至开立,立踵,双臂斜上举,掌心朝外。

5——下蹲双膝内扣,上体下压,含胸低头,双手握拳胸前交叉。

6——上体立直,双臂打开至斜下举,掌心向下。

7—8——跳至并腿直立,双臂保持不变。

8×8 拍(图 3-36)

| 1 | 2 | 3-4 | 5 |

6　　　　　7　　　　　8　　　　　9　　　　　10

图 3-36　爵士啦啦操中级套路(8)

1——右脚后撤一大步,成左前弓步,双臂伸直并向后延伸,仰头下半腰。

2——上身立直,双臂斜上举,掌心向外。

3—4——右脚并左脚成直立,双臂贴于体侧。

5——右脚向侧一步,左腿膝盖内扣,脚尖点地,左臂推至斜上举,向右转头。

6——交换重心至左腿,向左转头,左手掌跟触额头,右臂推斜上举。

7——重心移至两腿之间,开立,双臂屈臂侧上举,手腕由外向内转动。

8——双臂胸前交叉,同时收掌变拳。

三、高级水平示范套路(8×8 拍)

1×8 拍(图 3-37)

准备造型　　　　　　　　　1-4

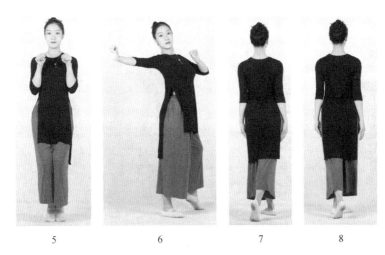

5   6   7   8

图 3-37　爵士啦啦操高级套路(1)

　　准备造型:面朝正前方的左脚侧弓步,右腿内扣脚尖点地,上体前倾,左臂背手于身后,右臂前身下举(图准备造型)。

　　1—4——向右做身体波浪,重心保持下压,左脚尖内扣点地,左臂斜下举,右臂贴于体侧,双手握拳。

　　5——跳至并腿屈膝,提踵,身体直立,双臂夹肘胸前上屈,握拳,拳心向前。

　　6——右脚向前一步并左转90°,重心顶至右胯,左腿膝盖外旋脚尖踩地,左臂屈臂于胸前,右臂侧平举,留头。

　　7——继续左转90°,重心前移至左脚,双臂贴于体侧。

　　8——右脚继续向前一步。

　　2×8拍(图3-38)

1   2   3   4

5-6   7   8

图 3-38　爵士啦啦操高级套路（2）

1——双腿跳至开立、立踵，右臂上举，掌心向外。

2——上体右后转体 180°，重心下压，左臂继续贴于体侧，右臂向右斜下方，经屈臂至下举掌心向下。

3——立踵并左后转体 180°，双臂推至侧平举，掌心向外。

4——上体左后转体 180°，重心下压，双臂经屈臂至斜下举，掌心向上。

5—6——吸右腿，同时右后转体 180°至正面，左臂上举，掌心向内，右臂侧平举，掌心向下。

7——右腿向前一步，身体保持直立，双臂贴于体侧。

8——左腿继续向前行进一步。

3×8 拍（图 3-39）

1   2   3-4   5

  6   7   8

图 3-39　爵士啦啦操高级套路(3)

1——右腿向前一步,双臂斜下举,掌心向内。

2——重心后移至左腿,屈膝半蹲,右脚尖前踩地,双臂胸前上屈,掌心相对,低头。

3—4——下肢保持第二拍姿态动作并继续下蹲,双臂慢慢上举伸直,头向后倒。

5——双腿立直,身体直立,双手拍胯一次。

6——跳至开立、立踵,双手再拍胯一次。

7——重心下落至右脚,左脚点地,左膝向外翻转,顶右胯,向右侧倒头。

8 同 7,方向相反。

4×8 拍(图 3-40)

1   哒   2

3   4

5   6   7-8

图 3-40   爵士啦啦操高级套路(4)

1哒2——并腿屈膝,左右左摆胯三次,双臂微曲呈弧形侧下举,掌心向外。

3——全蹲,双臂前撑地,低头。

4——左腿向后、右腿向侧延伸伸直,双臂撑地,抬头。

5——右后转身180°后坐,双腿屈膝脚尖触地,上体立直,双臂斜下举并指尖轻触地面。

6——左脚向前一步,起身。

7—8——右膝跪地,左手撑左膝,右臂斜下举。

5×8拍(图3-41)

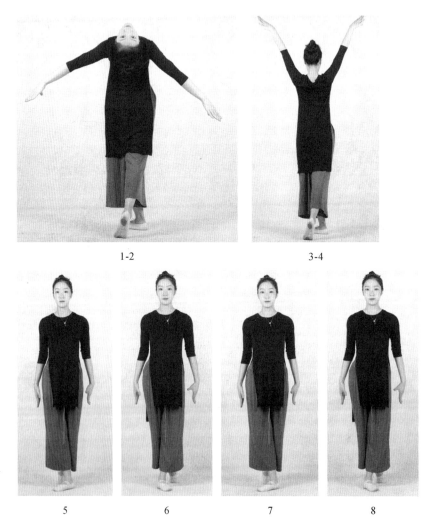

图3-41　爵士啦啦操高级套路(5)

1—2——起身,右脚后踩地,双臂斜下举,头后仰下胸腰。

3—4——上体立直,双臂斜上举,掌心向外。

5—8——右脚开始向前走 4 步,双臂贴于体侧。

6×8 拍(图 3-42)

      1-2   3-4   5-6   7   8

图 3-42　爵士啦啦操高级套路(6)

1—2——右脚向侧点地,左手背于身后,右臂前伸,并掌,指尖向前。

3—4——右脚后撤一步并右转 90°,成分腿开立,双臂贴于体侧。

5—6——重心移至右腿,左脚脚尖触地,左臂上举,掌心向内,头部右转。

7——重心移回两腿之间,立踵,双臂上举,掌心相对,抬头。

8——向后继续仰头,重心前倾。

7×8 拍(图 3-43)

| 1-2 | 3 | 4 |
| 5-6 | 7 | 8 |

图 3-43　爵士啦啦操高级套路(7)

1—2——左脚向前一步,右腿伸直脚尖触地,双臂下拉至胸前上曲,掌心相对,头部左转 90°。

3——右脚继续向前一步,双臂贴于体侧,回头。

4——左脚继续向前一步,身体姿态不变。

5—6——右脚继续向前一步并左转 90°,成分腿半蹲,左臂贴于体侧,右臂侧平举,掌心向下,上身及头部向右倒。

7——身体立直并转向左斜前方,重心至左腿,左臂背手于身后,右臂摆至胸前斜上屈臂,掌心向内。

8——右脚侧滑至左前弓步，上体前倾，左臂背手于身后，右臂伸直下举，并掌，指尖向下。

8×8 拍（图 3-44）

图 3-44　爵士啦啦操高级套路（8）

1—2——向右做身体波浪，左脚尖内扣踩地，左臂侧下举，右臂贴于体侧，双手握拳。

3——双腿立直，左脚尖侧点地，双臂前平举，掌心向下。

4——左脚并右脚，左腿膝盖内扣，脚尖踩地，两手握拳于腰间，拳心朝上。

5—7——左脚开始向左侧立踵走3步，双臂斜下举，掌心向下。

8——右脚并左脚，立踵面朝正面。

第三节　街舞啦啦操

街舞啦啦操自编组合

一、初级水平示范套路（8×8拍）

1×8拍（图3-45）

| 准备造型 | 1 | 2 | 3 |
| 4 | 5 | 6 | 7 | 8 |

图 3-45　街舞啦啦操初级套路（1）

准备造型:并腿直立,双臂贴于体侧。

1——右脚向左斜前方伸出并脚后跟点地,左腿膝盖微屈,上体后倾,双臂斜下举,拳心向下。

2——右脚收回成开立,双臂屈臂胸前交叉,拳心向外。

3——同1,方向相反。

4——左脚收回成并腿直立,双臂贴于体侧。

5——左脚向前一步成弓步,左臂直臂向后摆动,拳心向内,右臂胸前平屈,拳心向下。

6——右脚向前伸出,脚后跟点地,上身重心微微后倾,左臂胸前平屈,拳心向下,右臂直臂向后摆动,拳心向内。

7——右脚后撤一步成左弓步,上体前倾,左臂直臂向后摆动,右臂胸前平屈。

8——左脚后撤并右脚,成并腿直立,双臂贴于体侧。

2×8拍(图3-46)

| 1-2 | 3-4 | 5-6 | 7-8 |

图 3-46　街舞啦啦操初级套路(2)

1—2——跳至分腿半蹲,屈膝向下弹动2次,双臂胸前平屈,手臂向上弹动2次,拳心向下。

3—4——双腿开立,双臂斜下举,拳心向内。

5—6同1—2。

7—8——跳至并腿直立,双臂屈臂上曲并在头部右侧击掌1次。

3×8 拍(图 3-47)

1	哒	2	3-4
5	6	7	8

图 3-47　街舞啦啦操初级套路(3)

1——右转 90°并跳至分腿半蹲,上身立直,双臂冲拳至前平举位置,拳心向下。

哒——双臂拉回至胸前平屈。

2 同 1。

3—4——跳至并腿直立,屈臂上曲击掌 1 次。

5——左脚向侧一步成弓步,脚尖踩地,左手扶左腿根部,右侧肩上曲,拳心向内。

6——左脚收回成并腿直立,双臂贴于体侧。

7 同 5,方向相反。

8 同 6,方向相反。

4×8 拍(图 3-48)

| 1 | 2-4 | 5 | 6 | 7-8 |

图 3-48　街舞啦啦操初级套路(4)

1——左脚向前跳出一步,右腿向屈后上抬,左臂斜下举,拳心向下,右臂屈臂上举,拳心向下。

2—4——右脚并左脚成直立,双臂贴于体侧。

5——前吸右腿,上体前倾,双手在右腿下部击掌 1 次。

6——右腿收回,双臂肩上曲,拳心向内。

7—8 同 5,方向相反。

5×8 拍(图 3-49)

| 1 | 2 | 3 | 4 |

5　　　　　　　　6　　　　　　　　7　　　　　　　　8

图 3-49　街舞啦啦操初级套路(5)

同 1×8 拍,方向相反。

6×8 拍(图 3-50)

1-2　　　　　　　3-4　　　　　　　5 6　　　　　　　7 8

图 3-50　街舞啦啦操初级套路(6)

同 2×8 拍,方向相反。

7×8 拍(图 3-51)

1	哒	2	3-4

5	6	7	8

图 3-51　街舞啦啦操初级套路(7)

同 3×8 拍,方向相反。

8×8 拍(图 3-52)

| 1 | 2-4 | 5 | 6 | 7-8 |

图 3-52　街舞啦啦操初级套路(8)

同 4×8 拍,方向相反。

二、中级水平示范套路(8×8 拍)

1×8 拍(图 3-53)

| 准备造型 | 1 | 2 | 3-4 |

5-6   7-8

图 3-53　街舞啦啦操中级套路(1)

准备造型:并腿直立,双臂贴于体侧。

1——右脚向前一步,脚尖点地,右胯上提,上体直立,双臂斜上举,掌心向外。

2——左脚跳起踩踏 1 次,右腿前吸,双臂斜下举,拳心向内。

3—4——跳至分腿半蹲,双臂胸前交叉,拳心向外。

5—6——右脚侧拉一步,左脚脚尖触地拖步,左臂胸前平屈,拳心向下,右臂斜上举,拳心向外。

7—8——左脚向后右脚向前交换腿跳,双膝微曲半蹲,屈臂胸前绕环一周。

2×8 拍(图 3-54)

图 3-54　街舞啦啦操中级套路(2)

1——左脚向侧点地,右腿支撑并微曲,双臂头后平屈,掌心向前。

2——左脚收回成直立,双膝微曲,屈臂抬肘,掌根触胸外侧。

3—4——双膝保持微曲,上体前倾,低头,双手扶膝,肘关节向外张开。

5—6——抬头。

7——右脚向右斜前方上步,脚尖踩地,上体微微转向左斜前方,右肩上提,右臂自然贴于身体,左手扶左胯。

8同7,方向相反。

3×8拍(图3-55)

1-2	3-4	5
哒	6	7-8

图3-55 街舞啦啦操中级套路(3)

1——2——保持双腿开立,右腿膝盖内扣,脚尖踩地,头向左转并微微低头,左臂屈臂,左手掌根触额头,右臂斜上举,掌心向外。

3——4同1——2,方向相反。

5——双膝微曲并向右摆动,双臂头后平屈。

哒同 5,方向相反。

6 同 5。

7—8——分腿半蹲,胸绕环一周,双臂斜下举,拳心向内。

4×8 拍(图 3-56)

图 3-56　街舞啦啦操中级套路(4)

1——右脚向前一步并左转 90°,留头,分腿半蹲,双臂伸直后摆,拳心向前。

2——姿态不变,双臂胸前平屈,拳心向下。

3——姿态不变,双臂上举,拳心向外。

4——姿态不变,双臂经前摆至斜下举,拳心向前。

5——右脚后撤一步,脚尖踩地,屈臂抬肘,掌根触胸外侧。

6——重心移至右腿,下沉,左脚脚跟抬起,左臂伸直扶左腿,右臂叉腰,向右侧倒头。

7——双脚侧迈一步下蹲,上体左斜前倾,双手扶左膝。

8——上体立直。

5×8拍(图 3-57)

图 3-57　街舞啦啦操中级套路(5)

1—2——右脚脚尖踩地,右膝内扣 2 次。

3——右脚向前踩一步成交叉,双膝微曲,双臂头后平屈,掌心向前,肘关节向前。

哒——右小腿向后抬起,屈膝内扣,脚向外侧摆一次,双臂脑后平屈,掌心向前,肘关节向外摆一次。

4同 3。

5——跳至分腿半蹲,左臂侧平举,拳心向下,右臂上举,拳心向内。

6——保持上一拍身体姿态,双臂胸前平屈。

7—8同5,方向相反。

6×8拍(图3-58)

1   2   3-4

5-6   7-8

图3-58 街舞啦啦操中级套路(6)

1——左转45°成左弓步,双腿膝盖微曲,上身微微前倾并低头,左臂胸前平屈,右臂前下冲拳。

2——双腿膝盖及上体立直,屈臂抬肘,掌根触胸外侧,回头。

3—4——上体下压低头,双臂伸直,双手触左脚面。

5—6——头部、背部依次抬起,双手沿小腿拉至膝盖。

7—8——身体立直,双手继续沿大腿上拉至左胯。

7×8 拍(图 3-59)

1   2   3-4

5   6   7   8

图 3-59　街舞啦啦操中级套路(7)

1——右脚向前一步并右胯前顶成右弓步,双臂侧平举,掌心向下。

2——左后转体 180°,双臂贴于体侧。

3—4——右脚并左脚,同时继续左后转身 180°,回至正面。

5——右脚侧迈一步并顶右胯,成分腿开立,左臂斜上举,拳心向上,右臂贴于体侧。

6——顶左胯,左臂不变,右臂斜上举,拳心向上。

7——跳至并腿直立,双臂头后平屈,拳心向前。

8——双臂贴于体侧。

8×8 拍(图 3-60)

| 1 | 2-4 | 5 | 6-8 |

图 3-60　街舞啦啦操中级套路(8)

1——右脚后撤一步并提左胯,双臂交叉与体前下方,拳心向下。

2—4——重心后移至右胯,上身右转 90°并向后转头,双臂打开至斜下举。

5——左脚向前跳出一步,右小腿向后抬起,双臂肩上举,拳心向对。

6—8——右脚并左脚成直立,双臂贴于体侧。

三、高级水平示范套路(8×8 拍)

1×8 拍(图 3-61)

| 1-4 | 5 | 6 |

7　　　　　　　　哒　　　　　　　　8

图 3-61　街舞啦啦操高级套路(1)

1—4——双腿开立半蹲,上体前倾下压,低头,肘关节撑于大腿,双臂自然弯曲。

5——上体立直,重心右移成弓步,左臂贴于体侧,右臂斜上举,掌心向内。

6——重心移至左侧成左弓步,左臂抬至斜上举,成双臂斜上举,掌心向对。

7——膝盖伸直,重心移至两腿之间,朝右斜前方做顶胸一次,双臂斜下举,掌心向前。

哒——转回正面并做含胸一次,双臂自然摆至提前,掌心向后。

8 同 7,方向相反。

2×8 拍(图 3-62)

1　　　　　　　2　　　　　　　3-4　　　　　　5

| 6 | 7 | 哒 | 8 |

图 3-62 街舞啦啦操高级套路(2)

1——右脚向前一步,屈膝半蹲,小臂重叠于胸前,掌心向下。

2——重心后移至左腿,膝盖弯曲,右脚脚尖抬起、脚跟触地,双臂屈臂肩上曲,掌心向前,上体微微后倾,头向左转。

3—4——朝正面做身体前穿波浪,双臂后穿至后举。

5——并腿向左跳一次,身体微微转向左斜前方,双臂经体侧向上抬至胸前平屈,抬肘,掌心向前。

6——并腿向右跳一次,身体微微转向右斜前方,两臂经体侧向下绕至背后。

7——右脚向侧一步,提右肩,双手背手于身后。

哒——左腿抬起,提左肩,双臂保持上一拍动作姿势。

8——左腿放下成并腿屈膝,提右肩,双手背手于身后。

3×8 拍(图 3-63)

1-2　　　　　　　　3-4　　　　　　　　5　　　　　　　　哒

6　　　　　　　　7-8

图 3-63　街舞啦啦操高级套路(3)

1—2——左脚上步并左后转体 180°,双臂屈臂肩上曲,五指张开,掌心向前。

3—4——右脚上步并继续左后转体 180°回至正面,左腿屈膝脚尖踩地,双臂斜下举,掌心向后。

5——身体朝左斜前方做上下交换腿跳,吸右腿,上身微微前倾,双臂贴于体侧。

哒——右腿下踩成并腿,立踵。

6——右腿上吸,重心下沉,双臂前平举,掌心相对。

7—8——右脚侧迈一步,向右做身体波浪,左臂侧平举,掌心向后,右臂贴于体侧。

4×8 拍(图 3-64)

图 3-64　街舞啦啦操高级套路(4)

1—2——上身立直,两脚开立,重心移到左胯,右腿屈膝,脚尖踩地,左臂贴于体侧,右臂屈臂做"耶"手型。

3——重心移至右脚,左臂斜下举,拳心向下,右臂贴于体侧。

4——右脚并左脚,同时左转 90°,右脚点于左脚内侧,左臂贴于体侧,右臂斜后举,回头。

5——右腿弹踢一次。

6——右脚后撤一步成跪撑,上体下压,低头,左臂贴于体侧,右臂伸直,右手触地。

7—8——起身并腿屈膝,身体面向右斜前方,左臂贴于体侧,右臂前平举,右手做"棒"手型。

5×8拍(图3-65)

1	2	3	4
5	6	7	8

图3-65　街舞啦啦操高级套路(5)

1——右转90°,向左做侧波浪一次,左臂贴于体侧,右臂侧举。

2——右脚并左脚,左腿屈膝脚尖踤地,回头,左臂斜后举,右臂贴于体侧。

3同1。

4同2。

5——跳至右弓步并左转90°,左臂斜上举,掌心向上,右臂贴于体侧。

6——两腿前后交换腿跳至左弓步,左臂保持斜上举,右臂斜上举,掌心相对。

7——重心后移至右腿,左脚尖踩地,右腿膝盖外转,上身微微后倾,头部右后转,双臂胸前交叉,双手打响指。

8——左脚向前跳出一步,右腿屈腿后抬,回头至正面,双臂肩上曲,掌心向前。

6×8拍(图3-66)

图3-66 街舞啦啦操高级套路(6)

1——右脚勾脚前踢,同时左转90°,上体留至正面,双臂斜下举,立掌,掌心向下。

2——右脚勾脚后踹,左臂向后,右臂向前,立掌,掌心向下。

3—4——上体转回正面,左腿原地跳两次,右腿做一周反蹬自行车动作,双臂斜下举,立掌,掌心向下。

5——右脚落地向正前方踩出一步,成右弓步,上体立直,双臂斜下举,拳心向内。

6——左后转体180°成左弓步,双臂屈臂肩上曲,拳心相对。

7—8——跳至并腿屈膝,两臂再打开一次成肩上曲,拳心相对。

7×8 拍(图 3-67)

图 3-67　街舞啦啦操高级套路(7)

1——左转 90°,勾脚尖踢右腿,双臂直臂向斜后冲拳,拳心向后。

哒——右腿收回成并腿,上体前倾,双臂交叉于体前下方,拳心向下。

2——并脚下蹲,膝盖朝外打开,双臂上举,双手相握。

3—4——起身跳至开立并左转 90°,两臂上举,左臂在身前,右臂在身后,拳心向内。

5——重心下压,从左开始准备向右绕胯,左手叉腰,右臂屈臂,肘关节朝下,拳心向上。

哒——胯经左、后绕半周到顶右胯,双腿立直。

6——重心下压,向左摆胯。

7——双腿立直,顶右胯。

8 同 6。

8×8 拍(图 3-68)

图 3-68　街舞啦啦操高级套路(8)

1——右脚侧迈一步成分腿半蹲,身体微微转向右斜前方,上身直立,双臂从下拉至胸前平屈。

2——左脚原地下踩一步成分腿直立,上身左后转体,两臂下举,左臂在身后,右臂在身前,拳心相对。

3——右脚向前一步成前后分腿半蹲,上身转回正面,双臂胸前平屈。

4——右脚继续后撤一步,成左脚在前的分腿直立,双臂侧下举。

5——左脚向侧踩踏一步,重心前压,后腿自然向后背起,左臂屈臂前摆,右臂直臂后摆,头部转向正面。

6——右脚向后踩踏一步,重心后倾,左腿自然前吸,左臂直臂后摆,右臂屈臂前摆,头部继续朝向正面。

7——左脚下踩成分腿半蹲,双臂直臂左斜前方冲拳,拳心向下。

哒——右脚原地踩踏一步,身体转向右斜前方,双臂保持直臂,从左斜前方摆至右斜前方,拳心向下。

8——左脚并右脚,成直立,身体继续面向右斜前方,双臂放下贴于体侧,头部转回正面。

第四节　技巧啦啦操

一、技巧啦啦操自编组合

（一）基础示范套路（32×8 拍）（图 3-69）

1×8 拍

1

2

3

4

5

6

| 7 | 8 | 9 |

图 3-69 技巧啦啦操基础套路(1)

1—4——底座(右)双脚开立,与肩同宽,扶住尖子的腰,尖子双手抓住底座手腕;

底座(左)双脚跳开弓步,右脚脚尖朝同伴底座,左脚脚尖朝前,双手抓住尖子左脚,放在髋关节。

5—6——尖子右腿支撑腿弯曲,底座(右)双腿弯曲跟随尖子下蹲蓄力;

底座(左)抓住尖子左脚固定在髋关节,起支撑作用。

7—8——底座(右)双手发力上举尖子,尖子支撑腿屈伸蹬地发力(图 3-69-1)。

2×8 拍

1—4——底座(右)顺势抓住尖子右脚,身体右转 90°,双脚跳开成弓步,将尖子脚放在髋关节固定,左手环抱尖子大腿;

底座(左)左手抓尖子脚底,右手环抱尖子大腿,后点双手紧握尖子的腰。

5—8——尖子手臂上 V 手位(图 3-69-2)。

3×8 拍

1—2——尖子手臂成侧平举,手掌张开,底座一手抓住尖子手掌,一手抓住尖子腋下(图 3-69-3)。

3—4——底座和尖子同时下蹲发力,底座上举推直手臂,尖子身体紧住成直体姿势(图 3-69-4)。

5—6——尖子双脚落地缓冲,膝盖微屈(图 3-69-5)。

7—8——底座和尖子回到站立姿势(图 3-69-6)。

4×8 拍

1—4——手位加油(小 A)(图 3-69-7)。

5—6——手位高冲拳(图 3-69-8)。

7—8——手位下 H(图 3-69-9)。

5×8 拍(图 3-70)

图 3-70　技巧啦啦操基础套路(2)

1—4——底座双脚开立,与肩同宽,扶住尖子的腰,尖子双手抓住底座的手腕(图 3-70-1);底座双脚跳开,比肩略宽,大腿半蹲姿势,重心降低,手臂弯曲上举(图 3-70-2)。

5—6——底座屈膝缓冲,大腿发力通过腰腹传到手臂,手臂由屈到伸上举尖子,尖子分腿(图 3-70-3)。

尖子抓住底座的双手,先踩髋后踩肩,注意重心稳定;后点始终握紧尖子的腰向上发力,帮助底座支撑,维持尖子重心平稳(图 3-70-4)。

7—8——尖子坐在底座肩上，双腿向后环绕底座，双脚跟底座后背贴紧；底座双手握紧尖子大腿，肘关节内收，固定尖子；后点双手紧握尖子的腰（图 3-70-5）。

尖子站在底座的肩膀上，双腿伸直；底座握紧尖子小腿肌肉，向下发力固定；后点双手紧握尖子的脚踝（图 3-70-6）。

6×8 拍

1—8——两托举尖子双手接触，形成金字塔。

7×8 拍

1—8——展示金字塔。

8×8 拍（图 3-71）

1　　　　　2　　　　　3　　　　　4

图 3-71　技巧啦啦操基础套路（3）

1—2——尖子双腿分开，脚尖绷紧，身体直立保持重心稳定；底座双手在双腿之间握紧尖子双手，肘关节内收，向上持续发力（图 3-71-1）。

尖子双腿下蹲，单脚离开底座肩膀，重心移至另外一只脚，双手握紧底座双手；底座双膝微弯，手臂支撑尖子身体（图 3-71-2）。

3—4——底座屈膝缓冲，大腿发力，手臂屈伸上推尖子，尖子双腿分开，向后双脚落地（图 3-71-3）。

底座下蹲缓冲，大腿发力，手臂屈伸上推尖子，尖子单脚先立，向前双脚落地（图 3-71-4）。

9×8 拍(图 3-72)

1　　　　　　　　　2　　　　　　　　　3

图 3-72　技巧啦啦操基础套路(4)

1—4——手位上 V(图 3-72-1)。

5—6——手位加油(小 A)(图 3-72-2)。

7—8——手位下 H(图 3-72-3)。

10×8 拍(图 3-73)

1　　　　　　　　　　　2

图 3-73　技巧啦啦操基础套路(5)

1—4——底座面对面屈膝下蹲,双手搭轿子,手臂放松,背部挺直,准备抛接(图 3-73-1)。

5—8——尖子手扶底座肩膀,双脚依次踩进轿子,脚前掌踩进底座轿子(图 3-73-2)。

11×8 拍(图 3-74)

1   2

图 3-74　技巧啦啦操基础套路(5)

　　1—4——底座大腿发力,通过腰腹到手臂,垂直向上抛尖子;尖子等待底座发力,借力屈伸大腿,腰腹收紧,身体成直体姿态,手臂上举成上 H(图 3-74-1)。

　　5—8——底座手臂伸直,手掌张开,在最高点接到尖子,通过手臂腰腹最后到大腿缓冲,摇篮接尖子,尖子腰腹收紧,脚尖往前推,使身体平躺,双手环抱底座脖子(图 3-74-2)。

　　12×8(图 3-75)

图 3-75　技巧啦啦操基础套路(6)

　　1—4——底座降低重心把尖子放在地面,尖子双脚落地。

　　5—8——底座和尖子回到站立姿势(图 3-75)。

13×8 拍

图 3-76　技巧啦啦操基础套路(6)

1—8——侧手翻。

14×8 拍

1—8——连续两个侧手翻。

15×8 拍

1—8——单手侧手翻。

16×8 拍

1—8——手位下 H(图 3-76)。

17×8 拍

图 3-77　技巧啦啦操基础套路(7)

1—4——底座面对面屈膝下蹲，预备位姿势；尖子手扶底座肩膀；后点双手扶住尖子的腰。

5—8——后点发力上举尖子，同时尖子跳起至底座双手；底座双手主动接尖子双脚，预备位（图3-77）。

18×8拍

图3-78　技巧啦啦操基础套路（8）

1—3——底座大腿发力，上举尖子，双手定点在锁骨位置；

尖子大腿屈伸，随底座向上发力，迅速伸直双腿，身体直立收紧腰腹；后点抓紧尖子腰腹，帮助底座和尖子固定，成三底座单尖子肩位双脚站立。

5—8——手位上V，展示托举（图3-78）。

19×8拍

图3-79　技巧啦啦操基础套路（9）

1—4——手位上 V,展示三底座单尖子双脚肩位托举。

5—8——底座屈膝发力,手臂向上推离尖子,手臂腰腹大腿缓冲;尖子最高点下落,腰腹收紧,脚尖往前推,使身体平躺,双手环抱底座脖子;后点上推尖子,手臂伸直握拳,跟随底座大腿缓冲接尖子,摇篮接(图 3-79)。

20×8 拍

图 3-80 技巧啦啦操基础套路(10)

1—8——底座大腿屈伸发力回笼尖子,底座换单脚抓脚,准备单脚肩位托举;尖子手撑底座肩膀,重心上移,迅速成直立姿态,单脚落地支撑;后点帮助尖子立重心,稳平衡(图 3-80)。

21×8 拍

图 3-81 技巧啦啦操基础套路(11)

1—8——底座大腿发力,通过腰腹到手臂上举尖子;尖子收紧腰腹;后点抓紧尖子腰腹,帮助底座和尖子固定,成三底座单尖子肩位单脚站立;尖子手位上 V(图 3-81)。

22×8 拍

图 3-82　技巧啦啦操基础套路(12)

1—8——两底座逆时针转体 90°,侧面展示单脚托举;尖子腰腹收紧 90°转体;后点抓紧尖子。帮助稳定托举重心稳定和平衡(图 3-82)。

23×8 拍

图 3-83　技巧啦啦操基础套路(13)

1—8——尖子腰腹收紧,伸直延伸后腿,保持身体尽量直立,头向前看,成后控腿姿态展示三底座单尖子单脚托举(图 3-83)。

24×8 拍

图 3-84 技巧啦啦操基础套路(14)

图 3-85 技巧啦啦操基础套路(15)

1—4——底座屈膝发力,向上推离尖子,通过手臂腰腹最后到大腿缓冲,摇篮接尖子;尖子最高点下落,腰腹收紧,脚尖往前推,使身体平躺,直到被底座接住,双手顺势环抱底座脖子;后点上推尖子,手臂伸直握拳,跟随底座大腿缓冲接尖子,摇篮接(图 3-84)。

5—8——底座降低重心把尖子放在地面,尖子双脚落地。底座和尖子回到站立姿势(图 3-85)。

25×8 拍

图 3-86 技巧啦啦操基础套路(16)

图 3-87 技巧啦啦操基础套路(17)

1—4——手位加油(小 A)(图 3-86)。

5—8——手位下 H(图 3-87)。

26×8 拍(图 3-88)

1   2   3   4   5

图 3-88　技巧啦啦操基础套路(18)

1—4——底座双脚开立,与肩同宽,扶住尖子的腰,尖子双手抓住底座的手腕(图 3-88-1)。

底座双手放腰间,预备位姿势;尖子手扶底座肩膀,单脚踩在底座手里;后点双手扶住尖子的腰(图 3-88-2)。

5—6——底座下蹲缓冲,大腿发力通过腰腹传到手臂,手臂由屈到伸上举尖子,尖子分腿(图 3-88-3)。

底座大腿发力,上举尖子;尖子身体直立收紧腰腹;后点抓紧尖子腰腹,帮助底座和尖子固定,成三底座单尖子肩位单脚站立(图 3-88-4)。

7—8——尖子坐在底座肩上,双腿向后环绕底座,双脚跟底座后背贴紧;底座双手握紧尖子大腿,肘关节内收,固定尖子;后点双手紧握尖子的腰。

上举尖子成三底座单尖子肩位单脚站立,尖子手位上 V(图 3-88-5)。

27×8 拍

1   2

图 3-89   技巧啦啦操基础套路(19)

1—8——两托举尖子双手接触,展示金字塔(图 3-89)。

28×8 拍(图 3-90)

1   2   3   4

图 3-90   技巧啦啦操基础套路(20)

1—4——尖子双腿分开,脚尖绷紧,身体直立保持重心稳定;底座双手在双腿之间握紧尖子双手,肘关节内收,向上持续发力(图 3-90-1)。

底座屈膝发力,手臂向上推离尖子,手臂腰腹大腿缓冲接尖子;尖子最高点下落,腰腹收紧,脚尖往前推,双手顺势环抱底座脖子;后点上推尖子,手臂伸直握拳,跟随底座大腿缓冲接尖子,摇篮接(图 3-90-2)。

5—8——底座下蹲缓冲,大腿发力,手臂屈伸上推尖子,尖子双腿分开,向后双脚落地(图 3-90-3)。

底座降低重心把尖子放在地面,尖子双脚落地。底座和尖子回到站立姿势(图 3-90-4)。

29×8 拍

图 3-91　技巧啦啦操基础套路(21)

1—8——手位侧上冲拳(图 3-91)。

30×8 拍

图 3-92　技巧啦啦操基础套路(22)

1—8——X 跳(图 3-92)。

31×8 拍

图 3-93　技巧啦啦操基础套路(23)

1—8——团身跳(图 3-93)。

32×8 拍

图 3-94　技巧啦啦操基础套路(24)

结束造型:手位高冲拳(图 3-94)。

（二）提高示范套路（35×8 拍）

1×8 拍

1   2

图 3-95　技巧啦啦操提高套路（1）

1—2——底座双脚开立，与肩同宽，扶住尖子的腰；尖子身体直立，双手抓住底座手腕（图 3-95-1）。

3—4——底座屈膝下蹲发力，上举尖子；尖子蹬地跳起，手推底座手腕借力，保持身体直立。

5—8——底座双手最高点抓住尖子双脚，大腿缓冲，放在肩部位置；尖子双腿伸直，双脚尽量并拢，随时调整身体重心（图 3-95-2）。

2×8 拍

图 3-96　技巧啦啦操提高套路（2）

1—2——底座屈膝下蹲蓄力预推尖子。

3—4——底座手臂屈伸推尖子到高举,保持前后平稳;保护员可抓尖子脚踝,帮忙固定尖子。

5—8——尖子被推起,腰腹收紧,把控身体重心,完成高位双腿站立。

3×8 拍

1—8——尖子手位上 V,展示单底座单尖子双脚高位托举(图 3-97)。

4×8 拍

图 3-97　技巧啦啦操提高套路(3)

1—2——底座屈膝下蹲,蓄力推尖子。

3—8——底座大腿发力,向上推尖子,最高点抓住尖子腰部,继续持续向上发力帮助缓冲,缓缓将尖子放回地面(图 3-97)。

5×8 拍

| 1 | 2 | 3 | 4 |

图 3-98　技巧啦啦操提高套路(4)

1—2——手位上 V(图 3-98-1)。

3—4——手位小 A(加油)(图 3-98-2)。

5—6——手位下 V(图 3-98-3)。

7—8——手位下 H(图 3-98-4)。

6×8 拍

1   2

图 3-99　技巧啦啦操提高套路(5)

1—4——底座面对面屈膝下蹲,双手搭轿子,手臂放松,背部挺直,准备抛接(图 3-99-1)。

5—8——尖子手扶底座肩膀,双脚脚前掌依次踩进底座轿子(图 3-99-2)。

7×8 拍

1   2

图 3-100　技巧啦啦操提高套路(6)

1—4——底座大腿发力,垂直向上抛尖子;尖子等待底座发力,借力屈伸大腿,腰腹收紧,身体成屈体分腿姿态(图3-100-1)。

5—8——底座手臂伸直,手掌张开,在最高点接到尖子,通过手臂腰腹最后到大腿缓冲接尖子,尖子下落腰腹收紧,脚尖往前推,使身体平躺,双手环抱底座脖子(图3-100-2)。

8×8拍

图 3-101　技巧啦啦操提高套路(7)

1—4——底座大腿屈伸发力摇篮接回笼尖子,双手抓脚,准备高位托举;尖子手撑底座肩膀,重心上移,迅速成直立姿态;后点帮助尖子立重心,稳平衡(图3-101)。

5—8——底座大腿发力,上举尖子;尖子身体直立收紧腰腹;后点抓紧尖子腰腹,帮助底座和尖子固定,成高位双脚站立。

9×8拍

图 3-102　技巧啦啦操提高套路(8)

1—8——尖子手位上 V,展示三底座单尖子双脚高举(图 3-102)。

10×8 拍

1   2

图 3-103　技巧啦啦操提高套路(9)

1—2——底座屈膝下蹲,蓄力推尖子。

3—4——底座大腿发力,手臂向上推离尖子,最高点接尖子;尖子最高点下落,腰腹收紧,脚尖往前推,双手顺势环抱底座脖子;后点上推尖子,手臂伸直握拳,跟随底座大腿缓冲接尖子,摇篮接(图 3-103-1)。

5—6——底座降低重心把尖子放回地面,尖子双脚落地。

7—8——底座和尖子回到站立姿势(图 3-103-2)。

11×8 拍

1   2   3

图 3-104　技巧啦啦操提高套路(10)

1—4——手位高冲拳(图 3-104-1)。

5—6——手位小 A(加油)(图 3-104-2)。

7—8——手位下 H(图 3-104-3)。

12×8 拍

1   2

图 3-105　技巧啦啦操提高套路(11)

1—4——底座屈膝双手放腰间,预备位姿势;尖子手扶底座肩膀。

5—8——尖子单脚踩到底座手中,手撑底座肩膀,腰腹收紧;后点双手扶住尖子的腰(图 3-105-1)。

尖子双脚跳到底座手中,手撑底座肩膀,腰腹收紧;后点双手扶住尖子的腰(图 3-105-2)。

13×8 拍

图 3-106　技巧啦啦操提高套路(12)

1—2——底座屈膝下蹲蓄力。

3—8——底座大腿发力,上举尖子;尖子身体直立收紧腰腹;后点抓紧尖子腰腹,帮助底座和尖子固定,成三底座单尖子肩位单脚站立(图3-106)。

三底座单尖子肩位双脚站立。

14×8拍

图3-107 技巧啦啦操提高套路(13)

1—2——底座屈膝下蹲,蓄力预推尖子。

3—8——底座大腿发力,手臂推尖子到高位;尖子保持身体紧张,腰腹收紧,双脚站立(图3-107)。

15×8拍

图3-108 技巧啦啦操提高套路(14)

1—8——两托举尖子双手接触,展示金字塔(图 3-108)。

16×8 拍

1   2

图 3-109　技巧啦啦操提高套路(15)

1—2——底座屈膝下蹲,蓄力推尖子。

3—4——底座大腿屈伸发力,手臂向上推离尖子,最高点接尖子,大腿缓冲;尖子最高点下落,腰腹收紧,脚尖往前推,双手顺势环抱底座脖子;后点上推尖子,手臂伸直握拳,跟随底座大腿缓冲接尖子,摇篮接。

5—6——底座降低重心把尖子放在地面,尖子双脚落地(图 3-109-1)。

7—8——底座和尖子回到站立姿势(图 3-109-2)。

17×8 拍

1—8——连续两个前手翻。

18×8 拍

1—8——踺子接后空翻。

19×8 拍

1   2   3

图 3-110　技巧啦啦操提高套路(16)

1—4——手位小 A(加油)(图 3-110-1)。

5—6——手位上 V(图 3-110-2)。

7—8——手位下 H(图 3-110-3)。

20×8 拍

1   2   3

图 3-111　技巧啦啦操提高套路(17)

1—2——手位上 V。

3—4——屈体分腿跳(图 3-111-1)。

5—6——屈体分腿跳(图 3-111-2)。

7—8——跨栏跳(图 3-111-3)。

21×8 拍

图 3-112　技巧啦啦操提高套路(18)

1—4——半蹲姿势,低头。

5—6——右臂高冲拳,双脚跳开。

7—8——点头。

22×8 拍

1—8——手位下 H(图 3-112)。

23×8 拍

图 3-113　技巧啦啦操提高套路(19)　　　图 3-114　技巧啦啦操提高套路(20)

1—4——底座相对站立,屈膝下蹲,背部挺直,双手放腰间,预备位姿势;

尖子手扶底座肩膀;后点双手扶住尖子的腰。

5—8——尖子撑住底座的肩膀,单脚放于底座手里,支撑腿伸直,腰腹收紧;后点紧握尖子腰,持续向上发力(图3-113)。

24×8拍

1—2——底座屈膝下蹲,蓄力预推尖子。

3—8——底座大腿发力,上举尖子,双手定点在锁骨位置;尖子大腿屈伸,迅速伸直左腿,身体直立收紧腰腹;

后点抓紧尖子腰腹,帮助底座和尖子固定,成三底座单尖子肩位单脚托举站立(图3-114)。

25×8拍

图3-115 技巧啦啦操提高套路(21)

1—2——底座屈膝下蹲,蓄力预推尖子。

3—8——底座大腿发力,手臂推尖子到高位;尖子保持腰腹收紧,单脚站立。

26×8拍

1—8——手位上V,展示三底座单尖子单脚高举托举(图3-115)。

27×8 拍

1　　　　　　　　　　　　　2

图 3-116　技巧啦啦操提高套路(22)

1—2——底座大腿下蹲推尖子。

3—4——底座大腿屈伸发力,手臂向上推离尖子,最高点接尖子,大腿缓冲。

尖子最高点下落,腰腹收紧,脚尖往前推,双手顺势环抱底座脖子。

后点上推尖子,手臂伸直握拳,跟随底座大腿缓冲接尖子,摇篮接(图 3-116-1)。

5—8——底座和尖子回到站立姿势(图 3-116-2)。

28×8 拍

1　　　　　　　2　　　　　　　3　　　　　　　4

图 3-117　技巧啦啦操提高套路(23)

1—2——手位小 A(加油)(图 3-117-1)。

3—4——手位右臂侧上冲拳(图 3-117-2)。

5—6——手位小 A(加油)(图 3-117-3)。

7—8——手位右臂侧上冲拳(图 3-117-4)。

29×8 拍

1   2

图 3-118　技巧啦啦操提高套路(24)

1—4——底座面对面屈膝下蹲,双脚尽量与肩同宽,双手搭轿子,手臂放松,背部挺直,准备抛接(图 3-118-1)。

5—8——尖子手扶底座肩膀,脚前掌依次踩进轿子。

底座按节奏下沉,配合尖子双脚依次踩进轿子(图 3-118-2)。

30×8 拍

1   2

图 3-119　技巧啦啦操提高套路(25)

1—4——底座大腿发力,垂直向上抛尖子。

尖子等待底座发力,借力屈伸大腿,腰腹收紧,身体成屈体姿态,手摸双脚(图3-119-1)。

5—6——底座手臂伸直,手掌张开接尖子,大腿缓冲,摇篮接尖子,尖子最高点下落,腰腹收紧,脚尖往前推,使身体平躺,双手环抱底座脖子。

7—8——摇篮接抱紧尖子(图3-119-2)。

31×8拍

1—8——摇篮接抱着尖子移动位置。

32×8拍

图3-120 技巧啦啦操提高套路(26)

1—4——底座双膝下蹲双手放腰间,预备位姿势;尖子手扶底座肩膀。

5—8——尖子单脚踩到底座手中,手撑底座肩膀,腰腹收紧;后点双手扶住尖子的腰(图3-120-1)。

尖子双脚跳到底座手中,手撑底座肩膀,腰腹收紧;后点双手扶住尖子的腰(图3-120-2)。

129

33×8 拍

图 3-121　技巧啦啦操提高套路(27)

1—2——底座屈膝下蹲蓄力。

3—8——底座大腿发力,上举尖子;尖子身体直立收紧腰腹;后点抓紧尖子腰腹,帮助底座和尖子固定,成三底座单尖子肩位双脚站立(图 3-121)。

底座大腿发力,上举尖子;尖子身体直立收紧腰腹;后点抓紧尖子腰腹,帮助底座和尖子固定,成三底座单尖子肩位单脚站立。

34×8 拍

图 3-122　技巧啦啦操提高套路(28)

1—2——底座屈膝下蹲,蓄力预推尖子。

3—8——底座大腿发力,手臂推尖子到高位;尖子保持身体紧张,腰腹收紧,单脚站立(图 3-122)。

35×8 拍

图 3-123　技巧啦啦操提高套路(29)

结束造型:两托举尖子双手接触,展示金字塔(图 3-123)。

第五节　啦啦操表演性场景运用

一、赛事场间表演

赛事场间啦啦操表演,能潜移默化地鼓舞运动员斗志,为运动员助威呐喊,缓解现场紧张情绪,增强团队凝聚力和拼搏意识,极大改善球场运动员竞技状态,助力运动员发挥最好水平。用啦啦操表演填充赛场上的暂停时间,可为球员受伤、肢体冲突及死球等突发情况的缓解争取时间,让球员得到休息,保持体力,也为教练员提供了排兵布阵、策略调整、部署战局的时机。暂停时植入啦啦操表演,有效地利用了空场时间,使赛场不单调、暂停不冷清、观众不等待,让比赛更加丰满、流畅、紧凑。啦啦操表演调节了观众情绪,吸引了观众的目光,转移了观众注意力,能使观众在观看表演的同时调整心态,阻止不良事件诱因的出现,维护了赛场秩序,促进了赛事顺畅进行,减轻了疲劳感,让观众静坐时间不再单调,同时,还提高了比赛的上座率和关注度。

由于赛事场地的特殊性,观众围坐在篮球场、足球场或橄榄球场等场地的四面,观看啦啦操表演的视角也是多方向的,因此,赛事场间的啦啦操表演需注重各个方向的展现,队形变换无需太复杂,以大的固定队形展示为主。赛事气氛通常较热烈,啦啦操表演也起到带动现场气氛、鼓舞球员士气的作用,较适合花球、街舞等动感热情的啦啦操舞种。另外,赛事期间、休息、暂停时间多变且较短,因此表演形式一般多采用小的片段式、串烧式以及段落连接的编排方式,具有灵活变通的特点。

二、庆典舞台表演

庆典舞台啦啦操表演具有强烈的观赏性和感染力,能够快速直接地给观众传达表演情感,烘托现场氛围,同时也展现体育艺术魅力。啦啦操种类的多样性也使得其能适应不同的庆典舞台,达到完美匹配。花球、街舞啦啦操因其热情洋溢的风格特点,能达到渲染气氛,向观众传递喜悦的表演目的;爵士、自由舞蹈风格等则通过其显著的风格特点,更能够在动作的编排上做到内容的丰富完整性,从而表达作品的主题、情感,直击观众内心,升华节目品质内涵。

庆典舞台的观众通常只有舞台一面视角,观众的关注度更高,注意力更集中,现场体验效果更沉浸,因此,为给观众带来直观的视觉震撼,啦啦操表演的队形变换需要设计得更多元化,适当增加队形的流动变化、空间及层次的切换。可以加入更多的道具编排在成套动作中,如扇子、伞等各式道具来突出表演的主题和氛围。在时间安排上,庆典舞台表演更为具体,可根据实际需要来设定啦啦操表演所需时长,充分做好编排及准备,有利于保证表演的完整性。在硬件配置上,庆典舞台的音乐、灯光、特效等为表演的丰富性及完成效果提供了有力支撑。综上多方面的支持与配合,庆典舞台啦啦操表演能够表达更清晰深刻的主题,展现更充分多彩的内容,突出更具完整性与艺术性的效果,传递更深入人心的情感。

知识拓展

多位总统、明星曾是啦啦操运动员

随着啦啦操运动风靡世界,受到广大群众的喜爱。人群涵盖了从总统首相到公司白领以及学生等等。美国、日本的多任总统、首相等高官都兼任啦啦操推广联盟的发起者和推广者。不少人将在求学时期投身到啦啦队中视为一种荣誉,这包括美国前总统艾森豪威尔、罗纳德·里根、小布什,歌星麦当娜·西科尼,影星柯克·道格拉斯、卡梅隆·迪亚兹、桑德拉·布鲁克等。

 学以致用

1. 舞蹈啦啦操的哪个项目接近现代舞风格？
2. 技巧啦啦操项目的一组抛接难度，需要几个人共同完成？

第四章　啦啦操运动身体素质的练习方法

应知导航

　　啦啦操是一项集难、新、美和高强度于一体的竞技体育运动项目,它对运动员一般身体素质和专项身体素质有较高的要求。可以通过多种手段达到提高啦啦操运动水平的目标。良好的身体素质是掌握运动技术与提高运动成绩的基础,如何将身体素质的量的变化与啦啦操的基本技术的质的变化融合是本章的重点。一般身体素质练习可以理解为提高学生的体能和运动能力;专项身体素质练习可以理解为提高啦啦操成套动作质量而进行的专门性训练。

第一节　啦啦操运动一般身体素质的练习方法

一、力量素质

　　力量素质是指人体在活动中肌肉收缩时所表现出来的一种克服内、外部阻力的能力。啦啦操力量素质包括:上肢力量、核心力量、下肢力量。大学生时期是发展力量素质的最佳时期。通过基本素质练习,提高学生的身体控制和平衡能力以及身体的协调性,从而达到降低失误率的目的。

（一）力量素质分类（图 4-1）

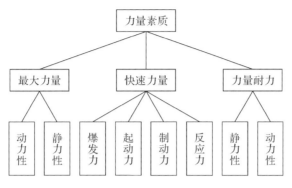

图 4-1　力量素质分类

（二）发展力量素质的内容与方法

1.力量素质的练习内容

（1）上肢力量

单杠引体向上、双臂屈伸、连续俯卧撑、杠铃推举、哑铃"飞鸟"、俯卧移行（推小车）等。

（2）核心力量

仰卧起坐、仰卧两头起、仰卧举腿、背肌两头起、仰卧骑单车、西西里卷腹、仰卧车轮跑；悬垂（前、后）举腿、平板支撑、仰卧提腿摆动、侧卧提臀等。

（3）下肢力量

立定跳远、立定多级跳远、单脚跳、蛙跳、波比跳、提踵立、开合跳、弓步跳、纵跳转体等；各种跳绳练习、交叉摇绳跳、双飞等。

2.力量素质的练习方法

（1）准备活动；单杠引体向上（8～10 次）×4 组（普通握 2 组、宽握 1 组、颈后拉 1 组。女生为斜身引体）；负重仰卧起坐 10 次×3 组；双脚跳上平台 8 次×3 组；双杠双臂屈伸（8～10 次）×4 组（其中摆动进行 1 组。女生为俯卧撑）；负重俯卧挺身抬上体 8 次×3 组；蛙跳（连续向前立定跳远）10 次×3 组。

（2）准备活动；哑铃弯举 10 次×4 组；负重下蹲起 8 次×3 组；杠铃推举 8 次×3 组；哑铃"飞鸟"练习 8 次×3 组；单杠悬垂举腿 10 次×3 组（其中加直角静力练习1组）；快速挺举 8 次×2 组。

（3）准备活动；快速斜推 8 次×3 组；负重下蹲 6 次×3 组；引体向上（男）10 次×3 组；波比跳 20 次×3 组；双臂屈伸（男）10 次×3 组；仰卧起坐（女）30 次×3 组。

二、速度素质

速度素质是指人体或人体某部位快速运动的能力。也就是人体或人体某一部位快速做出反应、快速完成动作、快速移动的能力。

在啦啦操运动中,速度素质主要体现为反应、动作速度和位移速度,这是在啦啦操的速度素质训练中不可或缺的三个要素。速度素质可以有效提高啦啦操运动员动作的一致性以及队形快速变化的流畅性。啦啦操运动员需要在比赛或练习中做到将成套动作完美展现出来,其中会有很多跳跃组合以及转体类动作,需要一定的动作速度。随着啦啦操音乐节奏的变换,操化动作风格也随之变换,运动员需要在保证动作质量的前提下高速完成复杂多变的操化动作。

其基本表现形式有反应速度(即对各种刺激快速反应的能力)、动作速度(快速完成动作的能力)、位移速度(快速通过某段距离的能力)。

（一）速度素质分类（图 4-2)

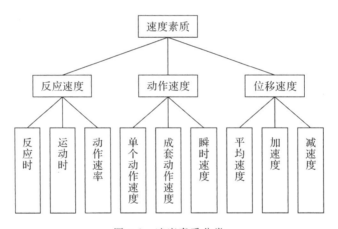

图 4-2　速度素质分类

（二）发展速度素质的内容与方法

1.速度素质的练习内容

（1）反应速度:听信号做起跑、转身、跳跃等反应动作,看手势做配合、急停、下蹲、改变方向等动作、听信号做一拍二动、一拍三动击掌练习。

（2）动作速度:上下坡往返、登台阶跑或楼梯跑、拉小车负重后蹬跑、手臂和步伐相配合练习、快速操化组合练习,在音乐的伴奏下,快速操化组合练习。

（3）位移速度:短距离的加速跑、变速跑、追逐或迎面接力跑、往返跑、冲刺跑。

2.速度素质的练习方法

（1）准备活动(慢跑、徒手操或游戏);高抬腿跑(行进间)15 米×3,后蹬跑 20 米×2;

跑台阶(向上快速,向下每级一步导频率);整理活动(行进间做深呼吸,吸气时两臂上举,呼气时两臂自由下摆。两手轻拍大腿按摩放松)。

(2)准备活动;专门性练习:小步跑15米×2,原地高抬腿听信号加速跑20秒×3;起跑后疾跑:20米×4。

(3)准备活动;双摇跳绳1分钟(80～120次);5～7步助跑摸高(2.5～3米),3米急停往返跑10趟;全场快速运球往返投篮2次。

(4)准备活动;在音乐的伴奏下,快速操化组合练习。

三、耐力素质

人体在长时间活动中机体克服疲劳的能力叫耐力素质。啦啦操成套动作本身就是一项对耐力要求很高的项目。啦啦操的比赛或练习套路,规则规定在2分钟正负15秒之内完成,比赛时间虽然短,但节奏快,这就要求或练习具有良好的耐力素质,尤其是专项耐力素质,专项耐力是帮助学生获得成功的一个重要因素,决定了成套动作的完成质量。

(一)耐力素质分类(图4-3)

从运动生理角度讲,耐力素质可分为有氧耐力、无氧耐力和肌肉耐力三类。在运动实践中,常将耐力素质分为一般耐力和专项耐力。

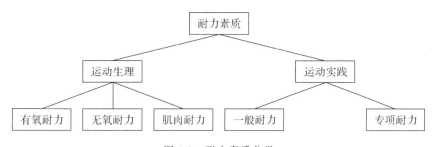

图4-3　耐力素质分类

(二)发展耐力素质的内容与方法

1.耐力素质的练习内容

(1)有氧耐力:运动强度一般控制在70%～80%,心率控制在140～170次/分。如12分钟跑、越野跑2.5～3.5km、匀速跑、有氧健身跑、跳绳、球类、游泳、散步等。

(2)无氧耐力:采用强度85%～95%,心率在170～180次/分。如变速跑、快速跳绳、重复跑、骑自行车、往返跑台阶等。

(3)肌肉耐力:采用重复克服自身体重或负重的练习。如压杠铃、快速俯卧撑、快速仰卧起坐、重复成套动作练习、重复操化组合练习等。

2.耐力素质的练习方法

(1)准备活动跑;走交替锻炼。男:(400 米跑＋100 米走)×5 组;女:(200 米跑＋100 米走)×(4～5 组)。每组间歇 3～5 分钟。

(2)准备活动;匀速跑:男 1500 米、女 1000 米。

(3)准备活动;变速跑:男 2400 米(200 米快＋200 米慢)×3 组;女 1200 米(100 米快＋100 米慢)×3 组。

(4)准备活动;单人跳绳(单足跳、双足跳)×3 组。男、女;(300～500 次)×(3～4)组。每组间歇 3～5 分钟。

(5)准备活动;成套动作重复练习,每个动作反复 10 遍＋操化组合练习循环练习。

四、灵敏素质

灵敏素质是指在各种突然变换环境的条件下,人体迅速、准确、协调、灵活地完成动作的能力。啦啦操经常要求锻炼者做出各种起动、急停、变向动作。经常改变身体的位置和方向,快速转身、翻腾等灵敏素质是掌握和完善动作技能的一个重要前提。

(一)灵敏素质分类(图 4-4)

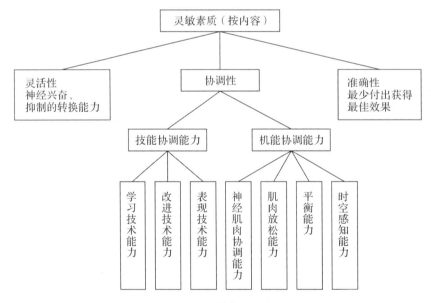

图 4-4　灵敏素质分类

(二)发展灵敏素质的内容与方法

1.灵敏素质的练习内容

发展灵敏素质一般有变向跑、侧身跑、后退跑练习,让练习者在跑、跳中迅速、准确、协调地做各种动作。如快速改变方向、各种躲闪、突然起动、急停、迅速转体、调整身体方位各种倒立、翻滚、摆荡、转体、腾越等。

2.灵敏素质的练习方法

(1)准备活动;慢跑中听口令作变向、转身、急停急起动作。

(2)准备活动;垫上运动:前滚翻接后滚翻。

(3)准备活动;闭目"金鸡独立"左、右脚各 2 次,每次 60 秒。

(4)准备活动;变换基本的手臂组合、变换动作的幅度、变换运动的方向运用不同速度、不同节奏进行操化动作练习。

(5)准备活动;做躲闪类游戏:提高学生反应能力。

五、柔韧素质

柔韧素质,是指人体各关节的活动范围和肌肉、肌腱、韧带以及皮肤的伸展能力。

柔韧素质在啦啦操运动中是重要的素质之一。舞蹈啦啦操主要是舞蹈动作及难度技术动作的相结合,展现练习者舞蹈动作的舒展性和高难度技术动作的完美完成,比如搬腿、跨跳、踢腿等难度技术,都需要柔韧素质作为支撑。发展柔韧素质,可以使操化动作得以充分展现,而且还有助于对难度技术动作的掌握和提高,同样还可以进行拉伸放松,有助于学生身体机能的恢复。

(一)柔韧素质分类(图 4-5)

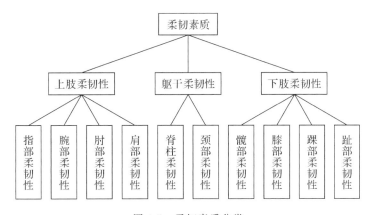

图 4-5　柔韧素质分类

(二)发展柔韧素质的内容与方法

1.柔韧素质的练习内容

颈部转动、绕环和抗拒性练习:低头—抬头;头右转—左转;头右倒—左倒;颈部肌力,加大颈关节活动范围;发展肩关节及其肌群的柔韧性练习;振臂、扩胸,压肩,拉肩、腰、髋关节及其肌群的柔韧性练习、桥形练习;体前(后)屈;体侧屈;体转;体绕环;压背体前屈;双人体后屈;正压腿、后压腿;仆步压腿、侧压腿;正(后、斜、侧)踢腿、弓箭步压髋、顶髋、竖叉、横叉,等等。

2.柔韧素质的练习方法

(1)准备活动;颈部练习(6～8 次)×3 组(完成左、右、前、后的颈部动作算一次);两臂上振下压(8～10 次)×4 组(上振 2 次,下压 2 次为 1 次);扩胸运动(8～10 次)×4 组(屈臂、直臂为 1 次);体侧运动(8～10 次)×4 组(左、右交替为 1 次);腹背运动(8～10 次)×4 组(向上 2 次、向下 2 次为 1 次);正压腿(10～12 次,左右腿交替);侧压腿(10～12 次,左右腿交替)。

(2)准备活动;颈部练习(6～8 次)×3;扩胸运动(6～10 次)×4 组;腹背运动——体转(8～12 次)×4 组;前弓步压腿(12～14 次)×4 组(左右交替);正踢腿(10～14 次)×4 组(左右腿交替);后踢腿(10～14 次)×4 组左右腿交替。

(3)准备活动;双人压肩(12～14 次)×4 组;仆步压腿(12～14 次)×4 组;挺身跳(10～12 次)×4 组。

(4)准备活动;直臂绕肩(14～16 次)×4 组;握绳转肩(8～10 次)×4 组(向前、向后交替);仆步压腿(14～16 次)×4 组;前、后交叉步 20×3 组。

另外,还有弹跳素质和平衡旋转素质。啦啦操动作是充满青春活力的,技术难度大,花样变化多,竞技水平越来越高,各种弹跳动作增加,速度加快,原地旋转和跳转的技术也越来越多。因此,选手只有具备良好的弹跳和平衡旋转素质,才能更好地完成各种复杂高难的技术动作。

第二节　啦啦操运动专项身体素质的练习方法

啦啦操是一项集难、新、美和高强度于一体的竞技体育运动项目,它对运动员或练习者的专项身体素质提出了极高的要求。由于啦啦操的训练内容广泛,训练方法繁多,故在专项身体素质的安排和内容的选择上要遵循三个原则:突出素质训练的专项性,加大专项素质训练的强度,加强专项素质的常年系统性和连续性。

本节从力量、柔韧、速度、耐力和协调五个方面重点介绍舞蹈啦啦操和技巧啦啦操的专项素质训练方法。

一、力量素质

力量素质是指肌肉在用力的过程中克服或抗阻力的能力。力量素质的好坏与运动员的组织机构、反应特质及中枢神经系统的机能状态有关。

（一）舞蹈啦啦操运动员力量素质的练习方法

1. 上肢力量

①直角倒立—倒立（双人配合）（图4-6）。

图 4-6　倒立

②俯卧撑：标准俯卧撑（图4-7-1、图4-7-2）；宽臂俯卧撑（图4-7-3—图4-7-4）；夹肘俯卧撑（图4-7-5—图4-7-6）。

1

2

3

4

啦啦操

5　　　　　　　　6

图 4-7　俯卧撑

2.腰腹力量

①仰卧两头起:团身(图 4-8-1—图 4-8-2);屈体并腿(图 4-8-3—图 4-8-4);屈体分腿
(图 4-8-5—图 4-8-6)。

1　　　　　　　　2

3　　　　　　　　4

5   6

图 4-8   仰卧两头起

②仰撑正踢腿(图 4-9-1—图 4-9-2)。

1   2

图 4-9   仰撑正踢腿

③俯撑侧踢腿(图 4-10-1—图 4-10-2)。

1   2

图 4-10   俯撑侧踢腿

3.下肢力量

①深蹲跳:马步(图 4-11-1—图 4-11-3);并腿(图 4-11-4—图 4-11-6);弓箭步(图 4-11-7—图 4-11-9)。

1

2

3

4

5

6

7

8

9

图 4-11　深蹲跳

②提踵练习：双腿提踵（图 4-12-1—图 4-12-2）；单腿提踵（图 4-12-3—图 4-12-4）。

1   2   3   4

图 4-12　提踵练习

③跳跃：c 跳（图 4-13-1）；团身跳（图 4-13-2）；屈体跳（图 4-13-3）；屈体分腿跳（图 4-13-4）。

1   2

3   4

图 4-13　跳跃

（二）技巧啦啦操运动员力量素质的练习方法

1.上肢力量

①双底座单尖子中、高举控（图4-14-1—图4-14-3）。

　　　1　　　　　　　　　2　　　　　　　　　3

图4-14　双底座单尖子中、高举控

②单人仰卧（图4-15-1—图4-15-3）。

　　　1　　　　　　　　　2　　　　　　　　　3

图4-15　单人仰卧

2.腰腹力量

①双底座跪姿高举控尖子（图 4-16-1—图 4-16-3）;

1   2   3

图 4-16   双底座跪姿高举控尖子

②单底座跪姿尖子（图 4-17-1—图 4-17-2）;

③单底座负重尖子平板支撑（图 4-18）。

1   2

图 4-17   单底座跪姿尖子   图 4-18   单底座负重尖子平板支撑

3.下肢力量

①单底座掐腰抛尖子(图 4-19-1—图 4-19-3);

1   2   3

图 4-19 单底座掐腰抛尖子

②单底座负重尖子深蹲(图 4-20-1—图 4-20-3);

1   2   3

图 4-20 单底座负重尖子深蹲

③双底座抛接蹲起(图 4-21-1—图 4-21-3)。

1	2	3

图 4-21　双底座抛接蹲起

二、柔韧素质

柔韧素质是指人体关节活动幅度的大小以及跨过关节的韧带、肌腱、肌肉、皮肤以及其他组织的弹性和伸展能力。柔韧度的好坏,即关节运动幅度的大小和肌肉韧带伸展幅度的大小对于运动员竞技能力的高低有着不容忽视的影响。啦啦操运动员的柔韧素质主要分为:肩胸腰的柔韧、髋部和下肢的柔韧、踝和腕的柔韧三部分。

(一)舞蹈啦啦操运动员柔韧素质的练习方法

1.上肢和肩部的柔韧

①跪姿压肩(图 4-22);

②俯卧压腰(图 4-23);

图 4-22　跪姿压肩　　　　　　图 4-23　俯卧压腰

③转肩（图 4-24-1—图 4-24-3）。

1　　　　　　　　　2　　　　　　　　　3

图 4-24　转肩

2. 髋部和下肢的柔韧

①坐位体前屈（图 4-25）；

②地面纵叉横叉（图 4-26-1—图 4-26-2）；

　　　　　　　　　　　　　　　　1　　　　　　　　　2

图 4-25　坐位体前屈　　　　　　　图 4-26　地面纵叉横叉

③正、侧、后踢腿（图 4-27-1—图 4-27-3）。

1　　　　　　　　　2　　　　　　　　　3

图 4-27　正、侧、后踢腿

3.踝和腕的柔韧

①直角坐踝关节屈伸和转动（图 4-28-1—图 4-28-2）；

1   2

图 4-28　直角坐踝关节屈伸和转动

②压手腕：正压（图 4-29-1）；反压（图 4-29-2）；立手腕（图 4-29-3）；

③压脚踝、脚背（图 4-30-1—图 4-30-2）。

1   2   3

图 4-29　压手腕

1   2

图 4-30　压脚踝、脚背

(二)技巧啦啦操运动员柔韧素质的练习方法

1.上肢和肩部的柔韧(图 4-31)

图 4-31　上肢和肩部的柔韧

2.髋部和下肢的柔韧(图 4-32-1—图 4-32-3)

1　　　　　　　　　　　2　　　　　　　　　　　3

图 4-32　髋部和下肢的柔韧

三、速度素质

啦啦操速度素质的训练内容主要有动作速度和移动速度两个方面。

动作速度是指人体快速完成某一动作的能力;移动速度是指在单位时间内快速位移的能力。

啦啦操运动员的速度素质和力量素质紧密结合在一起,速度就是力量。因此速度素质的训练方法和力量素质联系紧密。

(一)舞蹈啦啦操运动员速度素质的练习方法

①快速俯卧撑(15～20 个/组,共 4～5 组,间隙时间 15～20 秒)。标准俯卧撑(图 4-33-1);宽臂俯卧撑(图 4-33-2);夹肘俯卧撑(图 4-33-3)。

        1   2   3

图 4-33　快速俯卧撑

②快速仰卧两头起(10～20 个/组,共 4～5 组,间隙时间 15～20 秒)。团身两头起(图 4-34-1);屈体两头起(图 4-34-2);屈体分腿两头起(图 4-34-3)。

        1   2   3

图 4-34　快速仰卧两头起

③快速控踢腿点地(12～15 个/组,共 4～5 组,间隙时间 15～20 秒)。前点地正踢腿(图 4-35-1—图 4-35-2);侧点地侧踢腿(图 4-35-3—图 4-35-4)。

    1   2   3   4

图 4-35　快速控踢腿点地

(二)技巧啦啦操运动员速度素质的练习方法

①双底座单尖子中高举(图 4-36-1—图 4-36-3)(8～12 个/组,共 4～5 组,间隙时间 20～30 秒)。

1　　　　　　　　2　　　　　　　　3

图 4-36　双底座单尖子中高举

②单底座单尖子掐腰抛(图 4-37-1—图 4-37-3)(8～12 个/组,共 4～5 组,间隙时间 20～30 秒)。

1　　　　　　　　2　　　　　　　　3

图 4-37　单底座单尖子掐腰抛

③双底座抛接蹲起(图 4-38-1—图 4-38-3)(8～12 个/组,共 4～5 组,间隙时间 20～30 秒)。

1   2   3

图 4-38　双底座抛接蹲起

四、耐力素质

耐力素质是指有机体长时间坚持运动的能力。运动员要在训练和竞赛中保持特定的运动强度或动作质量就必须具备良好的耐力素质。按人体的生理系统分类,耐力素质可分为肌肉耐力和心血管耐力;肌肉耐力也称为力量耐力,心血管耐力又分为有氧耐力和无氧耐力。

(一)舞蹈啦啦操运动员耐力素质的练习方法

①舞蹈动作的重复练习

(例:36 个基本手位的重复练习或成套动作的反复练习);

②跳跃、转体、踢腿难度的重复练习

(例:屈体分腿跳的重复练习或连续几组的大踢腿练习)。

(二)技巧啦啦操运动员耐力素质的练习方法

托举、抛接、金字塔、翻腾难度的重复练习

(例:双底座中高举的重复练习)。

五、协调素质

协调素质是指在运动时机体各器官系统、各运动部位配合一致完成练习的本领。啦啦操是对人体协调性能力要求极高的项目,在训练中以身体各关节的灵活运动为基础。

协调性是身体素质中最需要通过时间去磨合去苦练的素质,无论是个体还是集体都能够体现出更高水平的素质,是啦啦操运动所必需的综合性素质。协调性可通过各种舞蹈组合和徒手操来提高。啦啦操运动员的协调素质主要通过上肢训练、下肢训练、上下肢配合训练来提高。

舞蹈啦啦操和技巧啦啦操运动员协调素质的练习方法:

①不同风格的舞蹈组合练习;

②下肢步伐变节奏、加强度、不对称组合练习;

③手臂加步伐动作组合练习。

第三节　啦啦操表现力的训练方法

一、啦啦操表现力与感染力

啦啦操是在音乐的衬托下,通过运动员完成高超的难度技巧动作,并结合各种舞蹈形式,集中体现青春活力、健康向上的团队精神,以及追求最高团队荣誉感的一项竞技体育运动。该项目技术动作发力速度快,制动时间短促,给观众造成强烈的视觉冲击效果,强调速度与力度感。各种肢体直线动作曲直分明,刚健有力;而肢体弧线动作蜿蜒流畅,柔美动人。成套编排三维空间高低起伏突出;音乐风格多样,旋律优美,气氛热烈,节奏快慢有致,强弱有别;服装款式各异,绚丽多姿。队员在场上热情洋溢、活力四射的激情表演,将体育运动拼搏与奋进的精神,淋漓尽致地展现给观众。这种充满激情的感染力,能迅速将观众带进一种欢欣鼓舞的兴奋状态,跟随啦啦操运动员的情绪,去感悟竞技体育拼搏进取精神带给人们心灵的震撼。这正是啦啦操作为一项竞技运动所带来的特有魅力。

另一方面,啦啦操的艺术表现与舞蹈的艺术表现方法非常相似,因此可以相互借鉴参考。舞蹈能够成为一种抒发情感的表现艺术,其感受力和表现力是舞蹈艺术的基石。它既是人类审美活动较集中的体现,也是培养人们审美能力的有效途径和有力手段。舞蹈的表达方式可分为外部形体动作和内部情态两个部分。其中外部形体动作又称为舞蹈的表现力,内部情态又称为舞蹈的感受力。舞蹈的表现力是舞蹈的动律、动态、动力等可视性的外化形式;舞蹈的感受力指表演者内在的情绪、情感、意识等心理因素。动情的舞蹈表现力不仅能提高表演水平,将舞蹈完美呈现,更能通过舞蹈引起观众的深深共鸣,把舞蹈的情感、内涵演绎得淋漓尽致,使舞蹈富有共情力与感染力。

1. 啦啦操不同项目对于表现力的需求

(1)花球舞蹈啦啦操项目:热情、活泼、自信

花球舞蹈啦啦操是成套动作。手持花球,结合啦啦操基本手位、个性舞蹈、难度动

作、舞蹈技巧等动作元素,展现干净、精准的运动舞蹈特征以及良好的花球运用技术,动作整齐一致,展示层次、队形不断变换的视觉效果。花球舞蹈啦啦操的技术特征主要体现为肢体动作通过短暂加速、制动定位来实现啦啦操特有的力度感;动作完成干净利落;在运动过程中重心稳定、移动平稳,身体控制精确,动作位置准确,通过动作的强度和快速发力突出花球舞蹈的特征。

(2)爵士舞蹈啦啦操项目:优雅、高贵、性感

爵士舞蹈啦啦操成套动作是由爵士风格的舞蹈动作、难度动作以及过渡连接动作等内容组成,通过队形、空间、方向的变换,同时附加一定的运动负荷,表现参赛运动员的激情以及团队良好运动舞蹈能力。动作技术特征主要体现为肢体动作由内向外的延伸感;通过延伸制动实现爵士舞蹈啦啦操特有的力度感;通过松弛有度的强度变化突出爵士舞蹈的特征。

(3)街舞舞蹈啦啦操项目:炫酷、夸张、外放

街舞舞蹈啦啦操成套动作是以街舞风格的舞蹈动作为主,强调街头舞蹈形式,注重动作的风格特征以及身体各部位的律动与控制,要求动作的节奏、一致性与音乐和谐一致,同时附加一定的难度动作,如包括不同步的变换及组合或其他配合练习。街舞舞蹈啦啦操的技术特征主要体现为肢体多关节动作短暂加速、制动定位来实现特有的力度感;动作完成干净利落;身体位置控制精确,并通过动作的松弛有度突出街舞运动的特征。

(4)技巧啦啦操项目:自信、奔放、震撼

技巧啦啦操是指在音乐的伴奏下,以托举、金字塔、翻腾、抛接和跳跃等技巧性难度动作为主要内容,配合口号、啦啦操基本手位、舞蹈动作及过渡连接等,充分展示运动员高超的技能技巧的团队竞赛项目。其动作相比于舞蹈啦啦操较随意,发力重心向下,音乐节奏要求明快、热情、动感、奔放,并富于震撼力和感染力。

(5)自由舞蹈啦啦操项目:民族、风情、文化

自由舞蹈啦啦操是以区别于花球、爵士、街舞的形式呈现,同时又具有啦啦操舞蹈特征的其他风格特点,如:各种具有民族舞风格。

2.表演者的表现力需求

(1)外在因素

外在因素主要是指在进行舞蹈啦啦操展示的过程中舞蹈音乐的剪辑制作,通常情况下音乐能够影响一个人的情绪,音乐的选择直接影响运动员场上的表现。外在因素还表现在啦啦操的动作编排方面,例如不同运动员的艺术修养不同,因此,他们在动作方面的喜好也有一定的差距,对于不同的啦啦操舞蹈动作,由于个人喜好的原因,表现力也会有所不同。外在因素的影响是在进行舞蹈啦啦操展示时周围环境氛围的影响,例如针对较外向的表演者,过多的群众会使他们更加兴奋,从而表现力更好,性格过于内向的表演者

由于周围观看者较多会产生紧张的心理,从而影响个人表现力。表现力的外在因素体现在以下几个方面。

其一,表情。表情训练是在运动员掌握技术动作、心理素质稳定后,通过对运动员的面部表情来进行的训练方法。它将是通过运动员用自身意识来控制身体面部表情的变化,就算是在十分紧张的环境中,运动员也一样能够有效地控制自己的面部肌肉,根据比赛的需要做出适合动作的表情,以达到理想的表演效果,展现运动员的艺术表现力,达到感染观众的目的。在日常训练中,啦啦操运动员可以面对镜子、配合不同旋律的音乐有意识地训练自己的面部表情,使得表情更加丰富多样,更具有感召力,更加随意,运用不同表情的变化将运动员的内在情感充分表露出来,并结合身体动作的变化达到内外协调统一的完美效果,以此来增强啦啦操运动员的表现力。

其二,服饰。舞蹈啦啦操服装的造型与款式是根据其成套本身的主题去思考,造型与款式要多样化,贴合主题并完美地展示出运动员的优美线条,给观众一种美的感受。色彩新颖、比例协调、符合风格的服装能让观众通过视觉产生联想从而引起良好的心理作用,留下深刻印象。服装的装饰与结构丰富多彩,服装与形体相联系,具有时代气息,为比赛获得了更有利的主观因素,以此体现舞蹈啦啦操美的艺术风采。舞蹈啦啦操表演服装在比赛过程中,图案要创新,独具特点,图案面积适宜,面料舒适,有利于运动员发挥。

舞蹈啦啦操表演服装所要表达的精神、理念、故事情节、人物形象等等,都应与舞蹈啦啦操主题相结合。根据舞蹈啦啦操特点选择适合其风格的服装,花球舞蹈啦啦操选用X形表演服装,充分体现出身体各部分的快速制动、短暂发力的独特风格,更加深了力度感,给人一种青春活力、干净利落的个性化表现;爵士舞蹈啦啦操选用紧身型表演服装,连体服,长裙摆等都适合,更好地表现出运动员扎实的舞蹈基本功、超强的运动技能,肢体动作由内到外的延伸感,给人一种潇洒、高雅之美;街舞舞蹈啦啦操应选用A、H形表演服装,既可以体现时尚潮流嘻哈、有个性化,还可以提高舞蹈效果、渲染气氛;自由舞蹈啦啦操根据其表达的形式选择适宜造型与款式,如:选用最具代表性的民族服装和最能体现民族传统文化的舞蹈相结合,给人一种与主题紧紧相扣的意蕴,增加了审美价值。

其三,音乐。音乐是成套动作的灵魂,主宰着成套动作的风格与特征,决定了表演者和观众的情绪,营造了现场气氛。一首优秀的啦啦操表演音乐,应是激动人心、振奋群情、悦耳动听,让人过耳不忘的。选择这样的音乐,能激发表演者去展示、宣泄音乐带给他的激情与意境,能将观众带入兴奋的忘我状态,与表演者产生共鸣。啦啦操项目大多数动作要求在快节奏的音乐中完成,但如果全曲均为快板,易让人感到单调。所以,在一段快节奏的前后转换一小段风格别致的慢板音乐,或者将一些休止符类的音乐形式插入快板音乐中,通过这种音乐的突变让人产生无穷遐想。总之,一首好的表演音乐,应该让人一听就能感受到它所表达的风格主题,它应当是完整的、热烈的、独特的、优美的、张弛有度的、丰富多彩的,是令人欣喜的。

其四,动作设计与队形编排。啦啦操是通过人的身体动作与音乐的有机结合展示健康向上活力的体育项目,展示团队精神与风采是啦啦操项目的主要特征,在队形变化、路线移动、场地的利用等具体运作中,切不要图幅度大、范围广、变化多而失去凝聚力和视觉冲击力。因此,在使用大范围、长距离的队形和路线移动后,应有相对集中的队形和短距离的移动,甚至短时间的原地动作。相对静止、集中的队形和原地动作,更能衬托团队的凝聚力,更能体现啦啦操项目的特征。

除此以外,不同场合表演着重点不同。大场合追求气氛,在大型场馆进行的大场面表演,应抓住场面宏大、气氛热烈这一主要特征。气氛是这一类表演的主抓环节。队形的运用应以大板块的几何立体图形为主,移动距离短,范围小,图案立体清晰,这易于体现团队的凝聚力,还可通过手持花球、彩旗等道具来延长肢体的动作距离,增强视觉效果。考虑到人多易出气势但易混乱的特点,动作编排应以简单、幅度大为主,通过清晰的路线轨迹来强化整齐划一的气势。小场合注重细腻,近距离小场面的表演则应考虑选择少而精的队员参加表演,动作的设计应精雕细琢。通过肢体长短距离的变化,直线、弧线的变换和快慢节奏的对比来勾画出一幅幅耐人寻味的精彩画面。此类表演,尤其应注重细节部分的刻画,特别要注重表演情绪、神态以及演员的身体动作造型的雕琢。

(2)内在因素

内在因素可从个人层面和团队层面两个方面考量。

个人层面主要包含以下因素:

其一是气质性格。通常表演者性格已经成型,因此在进行啦啦操表演时,个人的性格特点会影响他们的舞蹈表现力。例如,有些表演者本身性格内向,因此在进行表演时,面对观看的人群,会产生害羞的心理,因此在表演的时候会受到一些影响。相比较来说,性格外向的表演者在表演时,往往会产生兴奋的心理,因此在表演时乐于展现自我,并取得较好的效果。

其二是心理因素。心理因素是影响啦啦操表现力的主要内在因素,通常情况下心理因素可以通过学生在进行啦啦操表演时的动作以及表情体现出来。因此心理因素会影响运动员的啦啦操表演效果,例如在表演的过程中出现紧张的心理或者其他情绪等,都对啦啦操完成的质量有一些影响。

其三是技术水平。技术水平对运动员表现力具有关键性影响,技术水平主要是指运动员完成啦啦操基本动作的程度,通常在啦啦操成套表演中动作需要反复练习才能完成,有一定的难度。表现力是由质量及技能相结合的一种表现形式,因此运动员的技术水平是否良好也决定他们的表现力质量的好坏。

其四是艺术修养。运动员在进行舞蹈啦啦操过程中也需要有一定的艺术修养,他们只有对啦啦操这一项运动感兴趣才能在完成的过程中产生愉快的心理。通常情况下,艺术修养包括一个人的欣赏、感知、反思等各方面的能力,因此艺术修养较好的运动员将其与啦啦操的主题内容联系在一起会有更好的表现力,但是对于那些艺术修养较差的运动员来说,对成套主题的理解及舞蹈表现力会相对弱一些。

其五是身体素质。运动员的身体素质决定着他们在比赛中的表现力、速度与灵敏力等。因此不同运动员在身体素质方面的差异会使他们的表现力有所不同。啦啦操是一项较为消耗体力的运动,因此对于身体素质较差的运动员来说完成得好有一定困难,只有提高运动员的身体素质,才能使他们在啦啦操表演中有更好的表现力。

团队层面则主要注重于相互的配合与团队协调。

啦啦操运动是在音乐的烘托下,通过队员身体动作的完美完成及高超的技能展示,集中体现青春活力、健康向上的团队精神,并追求团队荣誉的最高境界。在队形的编排及动作的流动与层次上,以一人之力是无法达到视觉效果的,只有通过团队的配合才能完成动作的复杂性与技巧性,创造出更多具有创意和观赏效果的表演成套,给予观众视觉上最大的震撼。

3.表现力的价值

啦啦操表现力的价值最直接地体现在以下几方面:

①培养学生外在形象、性格与气质;

②塑造学生形体美、动作美、姿态美、服装美,提高学生的审美意识;

③促进学生动作的稳定性、协调性、熟练性和精准性的提高;

④提高学生的心理素质,培养和树立较强的自信心;

⑤推进体育课程改革的步伐,激发学生的体育兴趣;

⑥使学生养成良好的体育锻炼的习惯,自发热爱,增添活力;

⑦有利于拓宽学生的交际面,提升社会交际能力;

⑧活跃了校园体育文化,为校园文化注入了新的活力。

二、表现力的训练方法与注意事项

1.训练培养方法

表现力的训练可从艺术兴趣培养、体能增强训练、力量、柔韧素质训练以及心理素质培养和训练等方面着手。

(1)强调兴趣培养,从而强化艺术表现力

学生认识和理解啦啦操运动的价值及对自身发展的意义,自主学习,完善个性。学生在参与的过程中感到新鲜,产生兴趣和求知欲望,才能更好地发挥学生学习的主观能动性。对于这项运动有最直接的美的感受,可以激发学生的自我表现力、更好地领悟项目特征、陶冶情操,自发自觉地投入啦啦操运动中来。

（2）加强体能训练，以保障艺术表现力的充分发挥

体能训练可以用成套基本操化动作内容来练习，基本操化动作的训练分为基础训练和提高训练两个部分。

基础训练包括对运动员基本技能和基本动作的训练。在此阶段，可以将已经编排好的啦啦操比赛成套的操化动作进行分解练习，采用递加循环教学法，让队员不断地进行重复练习，直至掌握一整段操化动作组合的内容。通过这种方法使队员能够熟练地掌握操化动作，增强运动员的运动节奏感、韵律感的同时，使肢体达到对这段操化动作组合的自觉化。

提高训练是在基本训练的基础之上进行的，是对已经熟练的动作的提炼与个人动作艺术风格的培养。在此阶段，要加大训练的强度和密度，对动作的规格提出更高的要求。严格地把握技术动作中的力度、幅度及节奏，训练运动员完成该动作的定位制动与时空位置感，提升动作的艺术性。啦啦操运动成套动作具有明显的风格特点，仅仅熟练地掌握动作的内容是不够的，此时还要进行动作风格的演练。啦啦操的组别不同，对成套动作的风格要求也不相同。

（3）力量训练在啦啦操运动中有着极其重要的作用

啦啦操运动员应进行专项的力量素质训练，主要表现于专项的内容和专项的训练方法，如对运动员的最大力量、快速力量来进行训练。爆发力训练可采用多样有效的训练手段，但必须与成套动作相结合进行训练。比如对运动员进行弹跳训练时，练习手段有运动员克服自身重力的弹跳性训练，同时也要配合成套动作中出现的跳跃类动作进行练习。

（4）柔韧素质的好坏在啦啦操运动中也发挥着至关重要的作用

啦啦操运动员对柔韧的要求主要是腿部柔韧，柔韧性好不仅能够增大动作的幅度，同时也是完美完成难度动作的必要条件。尤其是舞蹈啦啦操所具有的三类难度动作更是对身体柔韧的考验。柔韧性的练习方法中包括了主动与被动两种。主动拉伸法更符合比赛的实际需要，而被动拉伸则能更有效地提高运动员的柔韧的稳定性。在训练中一般采用两者相结合的方式进行训练。在柔韧训练的过程中要与放松训练交替进行，这样更加有利于增强肌肉、韧带的弹性和伸展的能力。

（5）重视心理素质的培养与训练

自信心是运动员在接受该项运动后建立的敢于表现自我和挑战对手的竞技状态。只有具备了这种心态才会有出色的表现力。运动员通过发自内心的激情能够使成套动作表现出更强大的感染力。培养啦啦操运动员的自信心，首先应消除运动员的自卑心理，然后是对运动员自信心的逐渐建立。心理素质的训练通常是采用念动训练法对其进行心理稳定和心理承受力的训练的方法，并使运动员学会自我调节，以便在竞赛中达到身体和技术水平的正常或超常发挥，以此来增加运动员的表现力。运动员在比赛赛场上

可能遇到不同的突发事件,如队友动作失误、观众的不同反应、教练员的语言提示,等等,都会给运动员的心理产生影响。运动员能积极反应,及时应对,就会很快适应赛场的环境,顺利完成成套动作,一旦产生消极、紧张情绪就会严重影响运动员完成成套动作,并且阻碍了运动员表现力的正常发挥,甚至严重导致运动员技术动作的变形,导致动作失误或失败,因此,对运动员要有意识地进行专门的心理素质训练。在啦啦操日常训练中,心理素质训练较多采用情境训练与模拟比赛训练两种方法。最后,在单个运动员完善训练基础上,还需进一步加强成套动作结合表现力的专门训练。在日常的成套练习中,就需要尽量调用身体最大的感觉与表现力相结合的方式进行训练,需要运动员在成套训练中夸张、投入,把自我与舞蹈相融合,每一次都力求达到最好的舞蹈呈现状态。这样可以锻炼运动员对于自我表现力、表情管理能力以及身体控制肌肉运动能力,使得在正式舞台上可以达到收放自如、从容不迫的境界,而不会出现意外紧张而垮台的现象。

2.训练注意事项

(1)张弛有度、注意变换

注重啦啦操中音乐节奏与动作力度的变化,做到时缓时急,形成鲜明对比,避免台下观众对一个频率的节奏或一种强度的动作造成审美疲劳。

注重啦啦操中的表情变换,要随着音乐和舞蹈的进行应景地展开,当音乐具有爆发力或强鼓点的时候表情应随之夸张,虽然啦啦操整体表现的精神为青春活力、健康向上,但一套成套中的笑容应当是程度不同、意义不同的。

(2)加强理解、情感带入

情感表达在舞蹈表演中扮演着重要的角色,舞由情生,情为舞魂,两者相互依赖,密不可分。增强舞蹈中的情感表达需要加强理解力,让运动员理解音乐和舞蹈故事背景,运动员在自身文化修养确定的条件下,对音乐的理解认识可以通过加强对音乐基础知识的认识和掌握,来提高对音乐结构的认识;对舞蹈背景的理解认识可以加强对人物情感的揣摩,从而调整发力程度与面部表情的拿捏。

(3)节奏分明、刚柔并济

啦啦操成套讲究段落强弱的对比和快慢板的搭配,在热烈向上的乐曲中应有激情奔放的旋律或高歌,但也应有舒缓的弱拍。这样才能形成一种动静与强弱的强烈对比,有助于烘托热烈的主旋律。想要契合音乐的节奏,平时须多进行乐感练习,促使运动员加强音乐的节奏感。同时,对音乐不但要多听还应细听,对音乐进行分段,在回味中进行对比和分析。

(4)表演人选、内容匹配

不同的表演者(如男女、年龄、气质、身体素质的区别)在适宜的啦啦操分类上也有区别,在定下舞蹈内容后,应当根据不同表演者是否适合这个舞而决定表演人选。如:内向的人不适合跳性感、需要太多表情的风格舞蹈;身体发力欠缺的表演者则可能不适合街舞啦啦操以及花球啦啦操,对于融入中国传统舞蹈的自由舞蹈啦啦操可能较为适合。

（5）自信展示、舞出色彩

在平日训练中,就应随时保持自信,敢于把自己和舞蹈完美展示出来,而不是害羞,在训练中藏着掖着,甚至忽略表情或减小动作力度和缩小动作幅度,这样是起不到训练效果的,反而会使错误的动作习惯定型。由于现在大学生缺乏这样锻炼自我、展示自我的机会,容易在训练中引发这样的问题,如由于害羞不敢舒展动作或者觉得带上表情非常害羞等。但一定要记住:啦啦操就像舞蹈,它是艺术与美的载体,只要你在跳舞,你就是最美的,跳出优雅,跳出自信!

知识拓展

啦啦操动作要求发力狠、速度快、位置准,在快节奏、多变化的节拍中迅速、有力、准确地完成各类大小幅度的动作,需要具备良好的身体素质。好的身体素质表现即力量、速度、耐力、柔韧、灵敏等素质以一种完整形式存在于姿态之中,运动员在体育竞赛中将这种素质表达得淋漓尽致,表现出完美的动作标准及强烈的艺术感染力。

啦啦操运动员肌肉线条清晰,身体曲线柔美,丰满匀称的肌肉有助于形成曲线美,这种外形特征和体型类型虽然与先天遗传有关,但通过后天针对性的练习,可以弥补先天的不足,逐渐形成正确的身体形态。良好的形体是啦啦操表现力的基础,啦啦操要求运动员身材矫健,形体匀称适度,骨骼平衡协调,肌肉富于弹性,四肢在动作过程中的时空定位和外在形态,特别是在快速运动或跳跃、转体中,在特定的时空瞬间,身体或身体各环节做出准确无误的定位,使人产生特殊美感,体现生机活力。

学以致用

1.力量素质在啦啦操运动中起重要作用,谈谈你是如何进行上肢力量练习的。

2.啦啦操的表达方式可分为外部形体动作和内部情态两个部分,在比赛与表演中,你将如何呈现完美,表达情感达到感染观众的目的?

3.啦啦操集体项目是如何提高一致性的?

第五章　啦啦操成套动作的创编

应知导航

　　成套动作创编质量直接影响啦啦操的成套价值。本章主要介绍了啦啦操创编依据及思想、创编内容及要求,介绍了各类啦啦操成套动作设计、难度动作选择、音乐与服装选择等内容,目的是让学生充分掌握合理的啦啦操创编方法、步骤和技巧。

　　所谓"编排",就是把分散的事物按照一定的条理组织起来,或按照一定顺序排列起来。因此,编排的内涵主要是将事物、项目或内容按一定目的进行有序排列。啦啦操编排是一个复杂的创造性过程,是要将丰富多样的舞蹈动作、技巧动作、过渡与连接动作、道具、口号与音乐、服装、队形等进行完美结合,形成具有审美价值并体现团队合作精神的成套和组合动作的过程。

第一节　啦啦操成套动作创编的设计

一、啦啦操创编基本依据

　　啦啦操创编应以不同的目的任务、练习者的个人特征、场地及环境设施、啦啦操风格多样化发展为编排基本依据,竞技性啦啦操还应以竞赛规则为编排依据,各个编排依据相辅相成、融为一体,共同服务于啦啦操编排的实践工作。

　　1.啦啦操应以不同的目的任务为依据进行创编

　　啦啦操创编是一项复杂而又细致的工作,在进行啦啦操编排前,编排者要明确编排的目的和任务,是参加竞赛还是参加表演,根据目的、任务确定啦啦操的主题、风格。竞技性啦啦操编排是要在竞技比赛中争取更高得分,获取更好的成绩与名次,而表演性啦啦操的目的是渲染现场气氛、提高观众情绪,或为某项活动、产品进行宣传。

2.以本队队员个人特征为依据进行啦啦操创编

个人特征包括队员动作完成能力、性别、年龄、体形以及性格特征等方面。在编排过程中,编排者要充分考虑到本队队员的实际情况,从练习者个人特征出发,扬长避短,编排出力所能及的、能够充分展现练习者技术优势的动作内容。

3.啦啦操创编应以场地及环境设施为依据

任何一个体育运动项目对比赛、训练、表演的场地和环境都是有一定的要求,啦啦操亦如此。进行啦啦操编排之前,编排者要了解场地条件,舞台结构,观众座位的位置安排。只有在明确了场地条件后才能有的放矢,选择音乐、编排动作、设计道具和口号。

4.以啦啦操风格多样化发展为创编依据

啦啦操已经成为一项世界性的体育运动项目,目前,世界上 100 多个国家与地区加入了啦啦操这个大家庭。在当地文化习俗、舞蹈风格的影响下,啦啦操也"入乡随俗",融合了地域文化与民族舞蹈风格,逐渐朝着多元化方向发展,这也给予了啦啦操编排者更大的编排空间。尤其是近几年来,啦啦操在我国逐渐挣脱"纯美国模式",开始增设自由舞蹈组别,加入民族化、个性化风格。如北京奥运会上具有浓郁中国民族风情的以剑舞、藏舞、京剧水旗、长绸舞、苗族舞等为主要题材的啦啦操现场表演,通过使用具有浓厚的中国民俗文化色彩的配乐与服装(如京剧服饰、水袖、长绸等),使中国传统文化与啦啦操完美结合,为世界人民呈上了一道道现代、时尚、有中国特色的啦啦操视觉大餐。

5.竞技性啦啦操应以竞赛规则为编排依据

竞技性啦啦操是以参加竞赛,获得优异成绩、争取更好比赛名次为目的。既然是竞赛,就会有竞赛规则。啦啦操竞赛规则对啦啦操成套动作的编排有着明确的规定和要求,因此,啦啦操竞赛规则是竞技性啦啦操编排的"法定依据"。它指引着竞技性啦啦操编排的方向。在编排竞技啦啦操比赛套路或组合时,编排者要深入透彻地理解规则,严格遵循规则要求,以规则为依据进行编排,从而避免造成不必要的失分,例如违例动作的领会。

以上是啦啦操的五个编排依据,它们是相辅相成、融为一体,共同服务于啦啦操编排的实践工作。在进行啦啦操编排时,编排者首先要明确比赛或表演的目的、任务,从本队队员的实际情况出发,综合考虑将要进行表演的场地与环境设施,构思成套的主题与风格。此外,竞技性啦啦操的编排还必须遵循竞赛规则要求,以竞赛规则为依据进行编排。

二、啦啦操创编指导思想

啦啦操创编设计必须突出啦啦操项目特点和风格特点以及技术特征,啦啦操不同项目风格一定要鲜明,创编要有对比、层次变化的丰富性、创新性和立体空间感带来的视觉冲击力,过渡与连接创编突出新颖性、多样性、独创性、流畅性和合理性,禁止渲染暴力、种族歧视、宗教信仰等内容。其创编的指导思想主要有以下几方面。

1.创编内容的安全性

健康、安全性是啦啦操项目发展的首要前提。在训练、比赛与表演的过程中,要时刻强调安全的重要性,把啦啦操技能的发展建立在安全的基础上。在训练过程中一定要清晰地明白所做动作的危险性与方法,教练员更要告知每个运动员如不遵守安全准则可能导致的严重后果。避免采用对身体造成伤害的动作内容,发展有益于身心健康的方法与手段,在创编过程中遵循人体自然运动规律,减少运动对关节的冲击力,保护关节,确保成套整体风格充满活力、积极健康向上的精神。

2.艺术性和娱乐性相结合

啦啦操的重要特性之一,在于它有很强的娱乐性与艺术性。人们在锻炼的同时,不仅获得了健康,身心也得到了愉悦。世界卫生组织对于健康的定义为:"健康是一种在身体、精神上的完满状态,以及良好的适应力,而不仅仅是没有疾病和衰弱的状态。"依据这一定义,我们把健康分为:生理健康、心理健康、良好的道德与适应能力。优美动听的音乐可以陶冶人的情操,动感活力、舒展大方的动作使人有美的享受,使人们释放了压抑的情绪,从而获得了良好的情绪和状态。

3.继承和创新相融合

啦啦操特有的团队精神、丰富的体育文化等众多的特点,突出促进青少年素质教育、校园体育文化建设以及全民健身的目的,同时人们在啦啦操团队精神的氛围中能够体验到理解、信赖、友情、和谐等有利于机体运动所必需的团队配合的品质。在不断体验啦啦操这项体育文化进步和成功的过程中,增强团结与自信,增强抗挫折能力和情绪调节能力,形成积极向上、乐观开朗的生活态度,建立起对自我、群体和社会的责任感,形成现代社会所必需的合作与竞争意识。

第二节　啦啦操创编的原则

一、全面性原则

全面提高身体素质是啦啦操项目的宗旨。因此,全面性是啦啦操创编的基本原则,坚持全面性的原则主要体现在以下两方面。

1.身体各部位活动的全面性

为了达到全面提高的目的,在创编啦啦操成套动作时,要根据人体解剖学的特征,尽可能充分动员整个机体参与运动,使身体各部位的肌肉、关节、韧带及内脏器官得到全面锻炼。啦啦操成套的基本动作包括:啦啦操 36 个基本手位、头、颈、肩、胸、腰、髋、腹、背和上下肢的运动,科学合理地使用躯干律动性等各种运动形式促进肌力的增强,提高心肺功能;使人体匀称、和谐、全面地发展。

2.动作的"三维空间"变化丰富

啦啦操成套动作是在一定的时间空间中进行的,它的速度、频率、时间和空间变化、方向、路线、幅度力度的变化直接影响啦啦操对人体锻炼的效果。因此,创编啦啦操时应当考虑动作的方向有上下、左右、前后、斜向等变化,动作的路线变化、动作的幅度、速度、力度大小、快慢、强弱的对比。动作的"三维空间"变化,通过改变运动位置、方向、节奏、路线以影响不同的肌肉群,通过单一动作和复合性动作的交叉变化来培养人体的协调性,增强关节的灵活性。

二、针对性原则

啦啦操的创编主要针对不同的目的任务,锻炼者的年龄、性别、能力以及场地道具等情况和特点进行编排,使创编切合实际,有所侧重,以取得实效。针对性的原则主要体现在以下两方面。

1.针对创编对象的不同目的进行创编

编排不同类型的啦啦操套路,旨在解决创编对象所要达到的目的,比如应用场景是比赛还是演出,具有很强的针对性。

2.针对创编对象的不同特点进行创编

创编时应根据对象的特点设计动作,尽量体现练习者的特点、反映练习者的特色,从而展现创编的新颖性。场地、道具、服装、主题等应该符合对象的特点,体现对象特色,实现动作与对象的和谐。创编啦啦操成套动作要在实现目标、完成任务的基础上有所侧重,并针对不同对象的不同生理心理特点,选择合适的音乐、道具、服饰等,达到理想的效果。

三、合理性原则

啦啦操注重团队精神,啦啦操的锻炼功效首先取决于啦啦操成套动作的编选,也就是动作顺序的设计和运动负荷的合理安排。合理性原则是体现啦啦操科学性从而取得锻炼实效的一项重要原则,合理性原则主要体现如下。

1.合理选编动作

啦啦操动作的选择应有益于健康,尊重人体的自然发展规律,安全可靠,不易造成对人体有损伤的动作。选择不同的动作,对身体的影响程度则不同。因此,在创编成套时要注意选择对完成效果有切实作用的动作,突出啦啦操成套的特点。

2.合理设计动作顺序

选择啦啦操动作元素要合理,动作发力、运动轨迹要符合人体解剖及生理学特点,动作先后顺序合理,成套动作流畅、衔接紧凑、过渡自然、搭配灵巧。动作的强度、密度符合机体运动规律,啦啦操成套结构合理。同时,啦啦操道具的运用等设计要符合啦啦操项目要求。

3.合理安排运动负荷

啦啦操成套的总时间可根据任务、对象和要求来安排,一般啦啦操成套时间为不超过 2 分 15 秒。无论是表演或者是竞赛,都要合理、严格地把握运动负荷。这样才能达到科学有效的锻炼目的。运动负荷受下列因素影响:运动速度、动作频率、重复次数、时间长短、动作幅度、肌肉的用力程度等。相同的时间内,动作的速度越快,重复次数越多,频率越快,幅度越大,则肌肉用力越大,强度也就越大,反之则越小。啦啦操运动负荷的安排还应符合人体运动的生理曲线要求,使心率变化由低向高逐渐呈波浪式上升,随之慢慢下降,逐渐恢复正常状态。

四、艺术性原则

啦啦操是指在音乐伴奏下,通过运动员集体完成复杂、高难的项目特有的难度、过渡配合、基本手位与舞蹈动作,充分展示团队高超的运动技能技巧,体现青春活力、积极向上的团队精神,并努力追求最高团队荣誉感的一项体育运动。它融入了时代不同的多元化的元素动作,形成了风格各异、形式多样、项目特点的特征,啦啦操之所以很快被人们接受,正是源于它独有的艺术魅力和体育健身的实效性,使人们从中得到极大的乐趣。坚持艺术性原则主要体现在以下方面。

1.音乐题材的艺术性

音乐是啦啦操的灵魂,它影响着啦啦操各项目不同的风格、结构速度、节奏及成套的效果,音乐选配得好易激发创编啦啦操者的创作灵感和练习者的锻炼激情。因此,在选配音乐时应注意音乐要与啦啦操项目的风格统一。音乐的旋律要强劲动听、力求新颖,富于变化、节奏鲜明、具有时代感,以利增强动作的力度和表演效果。舞蹈啦啦操的自由舞蹈可以选择具有民族风格特点的音乐,使其更好地体现民族文化。

2.动作设计的艺术性

啦啦操的动作设计应符合啦啦操的特点,既要体现健康有力度的动作,又要体现青春与活力的热情,在成套动作设计中,动作的特点应热情奔放,清晰有力,富有特色,动作与动作的连接自然流畅、巧妙。

3.队形变化的艺术性

新颖多变的队形变化会使成套动作充满生气,丰富多彩,提高成套动作的表演效果。在编排队形变化时,要根据整体的动作特点,掌握好"三维空间"的变化,队形变化角度、路线、顺序的合理程度以及动作与动作之间的衔接要给人一种自然、流畅、巧妙、新颖的感觉,体现成套动作带给人们的最佳视觉效果。

4.成套的艺术创新性

创新是啦啦操成套的亮点和高分取胜的一个重要环节。啦啦操成套的动作元素、口号、音乐、道具、服饰、配合、动作设计等构成了啦啦操成套的主体风格。创新性原则是啦啦操创编过程中必须遵循的一个原则,其中,啦啦操口号设计应简单易记、通俗易懂、气势磅礴,鼓动性强烈,具有强大的感召力,能鼓舞人心,激发斗志。可以结合创编实际及创编对象的特点,使口号贴切,生动活泼。啦啦操道具的使用以及相互的配合,要根据目的、对象、道具的不同,体现出丰富多彩的不同效果。

第三节　啦啦操成套动作创编的方法与步骤

一、啦啦操成套动作创编的构思

1.成套动作的主题与风格设计

优秀的啦啦操成套动作通常具有鲜明的主题或舞蹈风格,而主题与风格的确定来自创编者的事先构思。在有了构思之后,创编者还需要再结合自身的专业技能与编排的知识经验去判断这个"构思"是否适合做啦啦操主题或风格。经过思考后,如果构思可以被当作主题、风格运用,那么这个主题或风格是否适合于本队队员去演绎,是否适合届时要表演的场合,本队又是否有相应的服装道具等去配合表演等这些问题都是需要创编者去考虑的。

2.音乐选择与剪接

音乐是啦啦操的灵魂,音乐的选择首先是符合啦啦操的特点,根据创编的目标选择音乐的风格,确定音乐的速度、长度,根据音乐的长短起伏确定成套的结构与动作组合。

3.服饰设计与选择

啦啦操的服饰作为啦啦操体现美的形式之一,在啦啦操创编中有着重要的地位。在选择时需要考虑到多个方面,比如材质、色彩、款式等。啦啦操服饰的设计既要舒适耐用,又要美观大方。在突出主题风格的同时,还要兼顾时尚流行。此外,服饰的设计需要符合规定,在此基础上合理创新,敢于突破。

二、啦啦操成套动作的内容设计

1.动作编排

啦啦操成套动作的选择与编排需要符合既定目标的要求,适合目标动作的风格特点。可以对平时学习与积累的动作素材进行加工整理,然后设计啦啦操成套动作的结构框架:开始—主体部分—结束,如:啦啦操的操化风格—难度动作的选择—个性舞蹈的理念—结束部分的选择安排等动作内容。

2.难度动作的设计

世界啦啦操走难、新、力、美发展之路,高校啦啦操应与世界接轨,结合实际情况对世界啦啦操运动发展趋势进行有选择地接受和加工。成套编排更应该注重学生的参与性与身心发展的全面性,做力所能及的动作,一般难度动作高标准完成。这样不仅降低了学生运动损伤的可能性,还增加了学生的自信和学习的兴趣。对于难度动作而言,合理编排是关键,同时还需要含有一定的创新性。丰富难度动作的组合,提高难度动作在技术与艺术上的有机结合。

3.过渡连接

过渡与连接动作在成套中运用的次数大多数情况受难度动作影响。另一方面,在啦啦操编排规则中提倡运用多维空间的动作,突出成套的观赏性,使整套动作不只是单运动面、单运动轴和动作集中在一个空间层次的成套,要通过过渡与连接动作创造更多空间的组合,彰显套路的空间立体感。

4.队形的设计

队形的合理编排与运用能够巧妙体现空间设计,同时凸显主题,是不可缺少的艺术编排因素之一。啦啦操的魅力不但体现在自身短暂加速和定位控制上的技术方面,最重要的是靠团体的协作与配合去完成成套队形的画面感,带给人们极大的视觉冲击力。队形变化的流畅性与复杂性以及流动队形的快速移动能体现整体的空间层次感。队形的多样性以及队形的创新性可以说是舞蹈啦啦操取胜的关键所在。

5.三个层次的空间变化

空间的转换与层次的变化在编排的过程中占据很重要的位置,A地面、B站立、C腾空,主要以 B—A—B 型和 B—C—B 型作为成套动作空间转换的主要形式,B—C—B 型更能体现出成套的三维空间,以难度动作的转化为主要用途,以视觉效果作为自身的优势来充实成套的编排。空间层次的充分转换、衔接与过渡,才能够展现出整套动作情境并与主题完美结合。因此,只有在艺术编排时,在符合新规则的前提下,创造出与众不同、独具特色的空间设计与层次变化,才能展现出啦啦操的独特风格与魅力。

三、啦啦操成套动作的修改与完善

按设计好的动作进行练习,在练习过程中进行多方面的提升与润色,对啦啦操整个成套的结构顺序,连接是否流畅、合理以及在艺术性上做全面完善,并对运动量和运动强度进行测试和调整。根据测试结果、练习者的反馈信息及创编者的观察研究,对啦啦操成套进行适当的修改完善,确保运动员充分完成和表现成套作品的编排效果。

第四节 啦啦操成套音乐基础知识与选择

一、音乐在啦啦操中的作用

音乐是通过旋律来表达人们思想感情的一种听觉艺术,也是最美的语言。它是由有组织的乐音所创造的艺术形象,通过演唱或演奏所形成的音响,表达人们的思想感情,反映社会现实生活的一种时间艺术。

啦啦操音乐是体育音乐的一种,是根据啦啦操项目的独特性、动作的设计来选择一首或多首不同风格的乐曲混合组成一套啦啦操的音乐,一般采用打击乐为主,多取材于Disco、Jazz、Rock 等现代音乐和具有上述特点的民族音乐。队员可根据动作需要,选择音乐的节奏和快慢。作为啦啦操的一个重要组成部分,它的主要作用是烘托现场气氛,使啦啦操音乐的"声"与啦啦操动作的"形"同步传播、同时作用,共同向人们传达成套的主题思想;动作表现音乐,音乐衬托动作,两者相互补充,使整套动作出现跌宕起伏、高低错落、动静结合的效果,能更好地体现啦啦操的动作特点,进而取得较好的表演效果。在啦啦操编排过程中,音乐选编的出发点在于音乐要能够衬托出队员的动作特征,与队员表演风格相适应,并且能够引起观众的心声共鸣。

二、啦啦操音乐的特点与选择

啦啦操根据项目分为技巧啦啦操和舞蹈啦啦操,舞蹈啦啦操根据项目又分为花球、爵士、街舞、高踢腿和自由舞蹈。啦啦操是一项活力四射的运动,适合的音乐相对也是富有激情与震撼力的,不同项目对音乐的要求也不同。技巧啦啦操和花球啦啦球的音乐特点是节奏清晰、旋律动感激昂,不同音乐段落根据动作段落设计拼接;爵士啦啦操、高踢腿啦啦操的音乐特点除了节奏分明外,还兼具柔美流畅、完整性和情感推动性强;街舞啦啦操音乐特点是轻松与激情活力相结合,能够展现街舞不同风格的音乐元素;自由舞蹈啦啦操音乐特点即可以是活泼动感的时尚流行音乐,也可以是具有不同民族风格特点的民族音乐。在选择音乐时,应当根据不同项目的特点来选择音乐。同时,啦啦操音乐选择还应遵循以下几点要求:

1.音乐的选择要有时代感。啦啦操充满活力,可以反映人们在现实生活中拼搏、进取的精神风貌,具有时代感、情绪积极向上的音乐能够与运动员积极、进取的精神风貌相吻合。

2.选择旋律优美、节奏清晰的音乐。

3.音乐剪辑要合理。剪辑合理是指经过剪接、编辑后的音乐,除规定的时间和情绪的起伏适合编辑要求外,音乐的本身要有相对的完整性,有主旋律贯穿,布局合理,转调连接自然,不能有头无尾,杂乱无章,破坏音乐的完整性。啦啦操竞赛与表演是从开始走向高潮,再到结束的一个时间过程,在这个时间过程中充满了动作、音乐、队形、服装、道具、口号等内容。

三、啦啦操音乐的要求和注意事项

1. 集体项目的比赛时间不得超过 2 分 15 秒。

2. 双人项目的比赛时间不得超过 1 分 30 秒。

3. 了解音乐,确保音乐的歌词合适,特别是外文歌曲的歌词大意是否含有不恰当词语。

4. 计时将在第一个动作开始时或音乐提示音响起时开始,在最后一个动作或音乐的最后一个音符时结束。

5. 如果超过了时间限制,裁判将根据违例情况进行判罚。

第五节　啦啦操服装选择与应用

服装也是啦啦操编排的一个重要元素。据调查,我国啦啦操教练员、教师及啦啦操爱好者均认为好的服装能够吸引裁判及观众,利于啦啦操成套主题的表达,从而取得更好的表演效果。啦啦操服装与啦啦操动作、音乐一样是有"灵魂"的,它通过款式、色彩和图案搭配来强调风格,并将其贯穿到成套动作的主题中。材料、款式、色彩是构成服装的三个要素,在设计啦啦操服装时要综合考虑。同一材料、不同款式,不同配色其风格可以完全不一样。甚至同一材料、同一款式,当配色方式不一样时,最后服装的风格也会大相迥异,带来完全不同的效果。

一、啦啦操服装配色

1. 啦啦操服装色调与成套动作的主题保持风格上的统一。啦啦操服装配色要注意把握一个主要色调,由于色彩具有的丰富内涵,不同色彩表达了不同的情感,因此我们可以利用这一特性,选择与成套动作的主题思想协调一致的色相作为服装主色调。在确定好主色调之后再根据服装款式及成套动作的主题选择合适的颜色作为装饰、点缀,但是一定要注意处理好面积比例的调和。

2. 服装配色应考虑队员的体型、肤色、性别。

3. 啦啦操服装配色应与表演场地色彩协调,尽量避免选择与场地地毯或背景相同的色系作为主色调。

二、啦啦操服装款式

啦啦操服装的款式多样,有裙装,有裤装;有分体式,亦有连体式;裙装又可以分为短裙、长裙,裤装也有长短之分。选用何种款式的啦啦操服装,在于着装者的着装目的(参加竞技比赛还是表演展示)和成套动作的主题思想与风格。

1.竞技性啦啦操服装款式

竞技性啦啦操服装在规则上是有要求的,服装可选择分体或连体的短裙及裤装,服装上禁止描绘战争、暴力、宗教信仰和性爱主题的元素。

(1)技巧啦啦操比赛服装

女装:连体装短裙,或者分体装背心及短裙,上装可以选择长袖、短袖、单袖或无袖。服装可以适当修饰,但上面不可以有水钻、亮片等装饰物(装饰物有可能导致运动员伤害事故的发生)。

男装:分体短袖及长裤,或者分体长袖和长裤,要求上衣在设计上应长度合体,以不露脐为标准。

鞋袜:技巧啦啦操竞赛规则要求队员比赛时必须穿白色轻便运动鞋及白色运动袜,不得穿丝袜。

(2)舞蹈啦啦操比赛服装

女装:舞蹈啦啦操比赛除了允许穿技巧啦啦操同样的服装,还可以穿短裤与长裤,上装同样可以选择长袖、短袖、单袖或无袖。

男装:舞蹈啦啦操比赛男装与技巧啦啦操的比赛服装要求相同,为分体短袖及长裤或者分体长袖和长裤,也要求不露脐。

鞋袜:舞蹈啦啦操队员在参加比赛时不可以赤脚,可以穿舞蹈鞋或爵士舞鞋,鞋的颜色可根据服装的色彩由队伍自由搭配。

2.表演性啦啦操服装

表演性啦啦操的服装在款式上没有特殊要求,因而有更大的选择空间。表演者根据表演需要可以选择裙装或裤装,只要是适合啦啦操队员运动的,有助于突出表演主题的,能引起观众共鸣的,都可以作为表演性啦啦操的表演服装。

第六节 啦啦操常用路线队形及应用

一、啦啦操成套动作路线

啦啦操成套动作路线由队员在场地地面、空间的一系列位移构成,包括开始位置、移动方向与路线(直线、曲线)、结束位置等元素。啦啦操成套动作路线设计应注意使队员移动(移动方向向前、向后、向左、向右、对角、弧线多样性变化)布满整个场地,要充分利用场地的四个角、边线和中间。

二、啦啦操常用空间队形

队形,就是队列的形状,运用各种队形恰当地表现主题内容。啦啦操队形的编排设计应考虑以下几个方面因素。啦啦操经常采用直线形、弧形、圆形、梯形、三角形、"十字"形、字母形(如 T、V 等)。啦啦操空间之间转换要做到视觉突然性和起伏性效果。高、中、低结合使用。我们把啦啦操垂直空间层次划分为地面、低空、中空和高空四个层次的运用,可以通过难度动作的使用来实现四个层次的分层及切换,如通过使用跳跃、托举、抛接、金字塔动作来实现中、高空空间的变化。

知识拓展

历史上首位啦啦操队员

1898 年 11 月 2 日,明尼苏达大学的一名学生——约翰尼·坎贝尔在观看(明尼苏达大学 VS 西北大学)的美式橄榄球比赛时兴奋地从座位上跳了起来,冲到场地上,带领现场观众欢呼雀跃,为场上的运动员加油喝彩。约翰尼·坎贝尔这个行为(带领的"啦啦队")取得了巨大的成功,明尼苏达大学也因此"啦啦队"的加油助威赢得了比赛。因此约翰尼·坎贝尔成为历史上首位啦啦操运动员,啦啦操运动正式诞生了。

学以致用

1.啦啦操成套动作创编原则是什么?

2.啦啦操成套动作创编内容与要求包括哪些?

3.啦啦操成套动作创编要经过哪几个步骤?

第六章　啦啦操运动与健康促进

应知导航

　　合理的营养,适宜的体育锻炼,在锻炼中对常见的运动损伤产生的原因及其防治有充分的认识,切实做好运动前的预防工作,最大限度地减少或避免运动损伤,是实现锻炼效果最大化的根本保障。本章通过对啦啦操运动的能量代谢特点的分析,提出啦啦操运动中如何合理补充各类营养,介绍各类营养物质的功能及运动中不同运动时段的饮食,并且对运动损伤的种类与产生原因、啦啦操中常见运动损伤与运动性疾病的预防及处理进行了介绍,使学生在啦啦操锻炼中达到促进健康的目的,达到锻炼效果最大化。

第一节　啦啦操运动与营养健康

　　营养是维持人体生命活动的物质基础。人体的生长发育受遗传、营养、运动、环境和疾病等许多因素的影响,而营养是重要因素之一,因为营养是构成机体的物质保证。合理营养不仅能够增进健康,并可作为防治疾病的手段。营养可从神经和体液两方面影响人体机能。生理机能的体液调节是靠体液中的激素、酶、矿物质和维生素等完成的。因此合理营养要求膳食必须符合个体生长发育和生理状况等特点,含有人体所需要的各种营养成分,并且含量适当,不缺乏,也不过多,全面满足身体的需要,能维持正常的生理功能,促进生长发育和健康,这种膳食即成为"平衡膳食"。

　　食物中被人体消化、吸收和利用的有机和无机物质,包括碳水化合物、脂肪、蛋白质、无机盐、维生素、水和纤维素七类。其中碳水化合物、脂肪和蛋白质并称为"三大营养素"。水是生命的源泉,是维持生命活动必需的物质。纤维素不能被人体消化、吸收,它之所以被列为营养素,主要是因为膳食粗纤维具有促进肠蠕动、帮助消化和通便的功能。上述七类物质由于结构和组织不同,它们具有独特的功能,在这些物质的共同作用下,生命活动有条不紊地进行。机体通过食物与外界联系,保持内在环境的相对恒定,并完成内外环境的统一与平衡。

任何形式的体育锻炼都是通过肌肉的收缩活动来完成的,肌肉的收缩以消耗能量为基础,锻炼时的运动强度越大、持续的时间越长,消耗的能量就越多,运动后必须进行合理的营养补充,才能促进人体生长发育、增强体质和提高健康水平,否则将会造成人体运动性营养不良,有碍正常生长发育,使人体机能下降。运动员由于训练、比赛等活动,各类物质的消耗较一般人要多,对营养素的需要量相对较高。

一、合理营养的作用

营养是指人体从外界环境中摄取与利用食物中营养素的过程。体育锻炼是促进人体生长发育、增强体质、提高健康水平和运动能力的重要手段,而营养素是保证人体生长发育,构成各组织、器官和进行正常生理、生化代谢活动的物质基础。因此,合理的营养和适宜的体育锻炼是实现人类高质量生存的根本保障。合理营养是指膳食中应该含有人体所需要的各种营养素,摄入体内的食物易于消化和吸收,并能增强食欲,对机体无害,也就是全面提供符合卫生要求的平衡膳食。

1. 合理营养有利于身心健康

合理营养有利于身心健康,确保机体代谢平衡。所谓代谢平衡,是指人体每天从外界摄取的营养物质应该等于人体生长发育和进行正常生命活动所需要的物质。摄入机体所需要的各种营养素不合理,机体代谢活动就会发生紊乱,人体就会生病,甚至危及生命。合理营养能增强机体的免疫力,营养不良会使机体免疫系统形成受阻,造成其免疫能力下降。合理营养可以通过增强机体的生理功能和自身免疫力来预防和延缓某些疾病的发生。同时,合理的营养还对机体的应激状态和伤病后的康复有着积极的作用,良好的营养能提高机体的应激能力,促进病体的康复。另外,还可以根据病人或食用者的习惯和口味,选择或调制成各种可口的饮食和菜肴,从而增进患者的食欲并有利于食物的消化和吸收,有利于疾病的消除和防治,以达到祛病健身、延年益寿的目的。中国有句名言:"药补不如食补",充分说明了营养对疾病治疗和健康的重要意义。

2. 合理营养可促进智力发展

智力是指人认识、理解客观事物并运用知识、经验等解决问题的能力。一个人智力水平的高低主要取决于其大脑的结构和功能,也受遗传因素和环境因素的双重影响。在影响脑神经细胞生长和发育的多种环境因素中,营养素是神经细胞分裂增殖和实现其正常生理功能的物质条件。人出生时脑重约为成人的 25%,6 岁时达成人脑重的 90%,12 岁时已接近成人脑重,6~20 岁是脑细胞结构和功能变化,达到功能上完善的重要阶段。如果个体在大脑神经细胞的决定性生长期和成熟期营养素缺乏,如蛋白质、类脂质等的摄入不足,不但会影响到脑细胞的数量、大小和髓鞘的形成,而且也影响到传递信息的神经递质的合成,导致神经细胞功能低下,神经传导障碍,严重影响个体的智力发展水平。动物试验表明,营养缺乏对脑的不良影响须两代才能恢复。大学生已达到成人年龄阶段,脑细胞的数量已定型,但神经细胞的结构和功能尚未完全发育,此时是一生中广泛接受外界信息,进行知识、技能学习的黄金阶段,脑神经细胞功能活跃,营养物质消耗多,必须供给充足的营养素,确保神经细胞结构和生理功能进一步完善,为智力的发展创造良好条件。

3.合理营养可保持青春活力

青年时期身体各器官、系统功能活跃、代谢旺盛,表现出勃勃生机,充满青春活力。合理营养是这种状态得以维持的重要条件。因为人体各器官、系统保持高度协调和旺盛的生命活动,需要大量能源物质的消耗和为能源物质的合成与分解代谢提供一个稳定的内环境的各种营养素。缺乏任何一种营养素,机体的代谢就无法得以正常进行,相应器官的生理功能就会下降。另外,人体整体机能的表现还与神经和体液对各器官、系统在功能上的调节密切相关。营养素的合理摄入,不仅是神经细胞发挥高效率调节的基础,而且也是实现体液调节的必要条件。由此可见,合理的营养可使人体各器官、系统维持最佳生理状态。

4.合理营养可塑造体型

人的体型受遗传基因和环境因素的双重影响,环境因素中营养素和体育锻炼又是最为重要的两个因素。在生长发育过程中,只有保证全面的营养素摄入,特别是优质蛋白质、钙、磷、维生素的合理摄入,加上适量的运动,才能使骨骼、肌肉的生长发育达到完美的程度。有学者认为,牛奶、沙丁鱼、菠菜、胡萝卜、橘子可促进骨骼的生长。生长发育完成之后,要想保持体型,更应注意合理营养。在保证维生素、无机盐、微量元素充足的情况下,要特别注意三大能量物质的摄入比例,应以适当增加蛋白质的比例、减少糖和脂肪的摄入为宜,即多吃一些瘦肉、蛋、鱼、奶、水果、蔬菜,少吃面食、肥肉、油炸食品,以防体型改变。

5.合理营养可提高运动成绩

一个人的运动成绩主要取决于先天遗传因素和后天的科学训练与合理营养。对运动员来讲,合理营养就是根据不同运动项目运动员的物质代谢特点,科学地安排运动员的膳食,合理地全面补偿运动员的消耗,调整运动员体内营养代谢过程,促进其能量恢复,使运动员体内有充分的营养储备,从而保持良好的生理机能和运动能力,提高运动员机体对运动训练的适应能力和抵抗疲劳、消除疲劳的能力。合理营养有利于运动员取得优异的运动成绩。

二、啦啦操运动的能量代谢特点

啦啦操运动的供能方式大多属于无氧供能的范畴。无氧供能系统分为磷酸原

（ATP－CP）系统和糖酵解系统,磷酸原（ATP－CP）系统在无氧状态下仅仅能持续7.5s左右,但是这时有氧系统不能及时供应能量,不能满足入不敷出的能源供给,这时糖酵解系统就会启动,释放能量使ATP再合成,保证机体的持续运动,而无氧酵解过程必定会产生乳酸,而乳酸的堆积会导致疲劳产生,外在表现就是机体不能维持原来的运动水平,运动强度下降。如果在训练量上采取足量训练,只会让运动员产生运动损伤和运动疲劳。

三、啦啦操运动中各类营养物质的功能与补充

对啦啦操运动员来讲,合理营养就是根据不同训练强度、训练项目,科学安排膳食,合理地全面补偿消耗,调整体内营养代谢过程,促进其能量恢复,提高运动员机体对运动训练的适应能力和抵抗疲劳、消除疲劳的能力。啦啦操动作复杂、紧张,对神经系统、力量的要求很高,运动员应多吃一些含蛋白质、维生素 B_1 和磷的食物,注意体能的恢复和营养的补充。

1. 碳水化合物

碳水化合物是体内热能的主要来源,也是肌肉运动主要热能的来源。运动员在训练期间,要保证其膳食中有充足的糖,糖的供给量应占总热量供给的70%～75%,这对维持血糖水平和运动中有充足的糖氧化供能,并使运动训练后肝糖原和肌糖原水平快速恢复均有良好的作用。在参加长时间啦啦操训练或比赛时,运动员在运动前或运动中适量补糖,可以减少糖原消耗,提高血糖水平,有利于提高运动能力,延缓疲劳的发生。

长时间剧烈运动的后期可使体内糖原储备耗竭。正常人在长时间活动前不进食,有发生低血糖的危险。低血糖时,身体可有以下症状:轻者出现头晕、心跳、迟钝感、乏力、面色苍白、出冷汗,重症者神志模糊、语言不清、四肢发抖、精神错乱,甚至还会出现惊厥和昏迷等更为严重的现象。所以在进行训练或比赛时应避免空腹,要注意补充含糖丰富的食物或饮料;如发现有疑似低血糖症状,应立即休息几分钟,密切观察并摄入一些单糖(如果汁等)。一般情况下,含糖量在120～180毫升的饮料或10～30克糖即可缓解低血糖的情况,但已昏迷或失去知觉者,不可给液体饮料,须急救并给以静脉点滴。对于有低血糖病史的学生,应送医院查明原因,对症治疗。

2. 脂肪

脂类分真脂及类脂两大类,食物中常用的动植物脂肪都是真脂。真脂是甘油及脂肪酸组成的甘油酯,类脂包括磷脂与固醇类,磷脂中有卵磷脂、脑磷脂及神经磷脂。磷脂与固醇都有很高的生理价值。脂肪含热量很高,在体内氧化时耗氧量很大,运动时,组织往往处于缺氧状态,由于脂肪在不完全氧化时会产生大量酮体,引起酸中毒,不利于进行各种活动。因此,从事啦啦操运动时以少吃为好;另外,脂肪饱腹感强,会降低食欲,影响对蛋白质、碳水化合物的摄取。机体所需的脂肪可由植物性油脂提供,植物性油脂的营养价值较动物性油脂高,含有较丰富的不饱和脂肪酸,既能降低血胆固醇,又有利于脂溶性

维生素的吸收,并可提供大量维生素 E。

许多资料报道,减少食物的总热量与进行体育锻炼结合,则降血脂和减轻体重的效果更加显著。脂肪是低强度(小于最大吸氧量 55%的运动强度)、长时间运动时的能源,在氧供应充足的情况下,脂肪酸才能氧化供能。脂肪供能耗氧量大,在供氧不足时代谢不完全,而且其代谢中间产物——酮体会使体内酸性增加,对机体和运动有不良影响。脂肪的代谢产物蓄积会降低耐力并引起疲劳。过多食用脂肪会降低蛋白质和铁等其他营养素的吸收率。运动员膳食中适宜的脂肪量应为总热量的 25%~30%。高脂肪膳食时氧的利用率较低,加之脂肪不易消化,在胃内停留时间长,且在运动时人的消化机能常处于抑制状态,因而不宜在运动前食用高脂肪食物。同时,应限制运动员膳食中过多加入脂肪。当然,脂肪不足时,食物的质量及味觉受影响,也会造成食物的摄取量减少,而且运动员的膳食要求量少质精、发热量高,所以不可过分减少脂肪的供给量。

3.蛋白质

蛋白质是一切细胞的主要成分,它由碳、氢、氧、氮及硫等元素组成,有些还含有磷、铜、铁等。这些元素先组成结构较简单的氨基酸,再由各种不同的氨基酸组成不同种类和营养价值各异的蛋白质。蛋白质是细胞的主要组成成分,肌肉、血液、腱、软骨等都由蛋白质组成。体内代谢与破损的组织,也必须由蛋白质修复。因此,蛋白质维持组织的生长、更新和修复。另外,蛋白质也是生物催化剂——酶的主要成分。在摄取蛋白质时,除了粮谷类主食含有蛋白质外,最好要有 50%的动物蛋白质和大豆蛋白质,如牛奶、瘦肉、鸡蛋、鱼虾、豆腐等。因为它们所含的蛋白质含有人体必需的氨基酸,营养价值较高。在选用肉类蛋白时,禽肉优于鱼肉,鱼肉优于兽肉。

蛋白质是实现肌肉收缩、运输与贮备氧气、调节物质代谢与生理机能的主要物质,与人体运动能力密切相关。蛋白质营养可补充运动的消耗,促进肌肉、血液等蛋白质的合成和组织修复。在运动情况下,机体蛋白质的合成和分解代谢加强,如运动器官肥大,酶活性提高,激素调节过程活跃。加大运动量训练时,运动员尿中氮和硫的排出量显著增加,并可出现负氮平衡,血红蛋白、血清蛋白质的含量下降和血中非蛋白氮的含量增多等改变。国外资料报道,蛋白质营养有助于增加运动员神经系统的兴奋性,加强神经反射活动,提高激素效应,因此运动员的食物中蛋白质摄入量应比一般人高。但也有人认为蛋白质营养对肌肉的合成无显著的作用,蛋白质在运动中功能的比例相对较小。在肌糖原充足时,蛋白质供能仅占总热量的 5%;而当肌糖源耗竭时,可上升至 15%。蛋白质不能被彻底氧化成二氧化碳和水,中间代谢产物呈酸性,过多时会使体液酸度增加,降低运动能力,引起疲劳和水的需要量增加等副作用。

运动时随着热能总摄入量的增加,蛋白质的摄入量自然增加,因此不必额外增加运动员的蛋白质营养。运动员的蛋白质摄入量不宜过多,因为蛋白质食物的特殊动力作用强,过多的蛋白质会增加代谢率,并增加水分的需要量,尤其在控制水分的情况下,蛋白质过多,会使机体失水,增加肝脏和肾脏的负担以及产生酸性代谢产物过多,对运动不利。另外,蛋白质氧化时,耗氧较多,这对运动时的机体也不利。运动员在日常饮食中应当摄入一定量的蛋白质,但是过量补充氨基酸或蛋白质会引起一系列的副作用,如蛋白质的酸性代谢产物会使肝、肾负担增加,导致肝和肾肥大并容易疲劳,大量蛋白质会导致机体脱钙、痛风。运动员在食用平衡膳食条件下,不必要补充氨基酸,尤其要注意不过量补充氨基酸或蛋白质。运动员的蛋白质日供给量应高于一般人,成年运动员为 $1.8\sim2$ 克/千克体重。运动员的蛋白质供热量可为一日总热量的 $12\%\sim15\%$ 或 $15\%\sim20\%$。

4.无机盐

研究发现,人体内含有 81 种元素,必需的常量元素有 11 种,其中矿物质有钙、磷、钠、钾、氯、硫、镁等 7 种;含量较少的必需微量元素有铁、碘、氟、硒、锌、铜、锰、钴、钼、铬、镍、锡、硅、矾等 14 种。对啦啦操运动员来说,无机盐的摄入对其健康和运动能力有重要影响,应注意无机盐的补充。无机盐中比较重要的有钾、钠、氯、钙、磷和铁。

磷与钙一起构成骨的主要成分,也是体内许多酶的重要成分,一切神经、肌肉活动,碳水化合物和脂肪的代谢都需要有磷的参与。同时,磷在维持血液酸碱平衡的缓冲体系中起着重要作用。磷脂是生物膜的成分之一。磷缺乏时,可引起能量物质腺苷三磷酸(ATP)、磷酸激酸(CP)水平的降低,肌肉收缩供能下降。有资料报道,运动量加大时,可引起磷负平衡。磷酸盐的补充能加强体内的磷酸化过程,增强运动能力。因此,肌肉活动愈多,磷的消耗愈多。运动量较大的,可适当增加摄入量。高温训练时,汗钙的丢失导致钙的需要量增加,一般正常训练,钙的需要量是 1 克/日,大运动训练或汗钙大量丢失时的需要量为 $1\sim1.5$ 克/日。运动员有时在运动中发生肌肉抽搐现象也有可能与钙、镁等离子的代谢紊乱有关。

人体内的铁分为功能铁和贮存铁两类。功能铁占全身总铁量的 80% 以上,主要功能是对氧气的代谢和转运以及参与体内与能量代谢有关的许多代谢过程。贮存铁约占全身铁的 20%,被动用于合成血红蛋白、肌红蛋白、含铁蛋白和酶。铁营养和运动员的携氧能力,特别是耐力项目的运动能力有关。如果铁的携氧能力被阻断或铁的数量不足,则血红蛋白生成受到影响,而发生缺铁性贫血,运动员中缺铁性贫血的发生率较高。含铁多的食物有肝、蛋黄、豆类、绿色蔬菜等,其中以动物性食物中的铁营养价值较高。

钾和钠能维持水的平衡和渗透压及酸碱平衡,它与肌肉活动也有很大关系。血中钾和钠的浓度下降时,表现肌肉软弱无力,容易疲劳;急剧减少时,还会发生肌肉痉挛。钠主要由食盐提供,每人每天需要 10 克左右。在气候炎热和剧烈运动大量出汗的情况下,尤其要注意多补些盐。钾主要由蔬菜、水果提供。

锌是人体内较为重要的一种必需微量元素,主要分布在肌肉、骨骼、皮肤、血液中。它是机体 80 多种酶的必需成分或激活剂,锌营养与运动能力密切相关。有研究表明,一次剧烈运动后可明显提高血清锌浓度。长期大运动量训练可导致运动员低锌血症的发生。此外,长期运动训练还可以导致血液内锌分布的改变以适应代谢的需要。运动者安静状态下低锌血症的发生除与运动后尿锌排泄增加外,还可能与锌摄入不足和吸收率降低、汗液丢失等有关。可直接从富含锌的食品如蛋白食物、海洋生物以及鲜肉中摄取锌,以保证良好的锌营养状态。

5. 维生素

维生素是维护身体健康、促进生长发育和调节生理机能所必需的一类(低分子)有机化合物。人体所需的维生素有十多种,按其溶解性质分为脂溶性与水溶性两大类。脂溶性维生素主要有维生素 A、D、E、K;水溶性维生素主要有维生素 B_1、B_2、B_{12}、C 等。维生素 A 是维持人体正常视力与上皮组织健康所必要的营养素,含维生素 A 或胡萝卜素的食物有肝、鸡蛋、牛奶、胡萝卜和绿叶菜等。维生素 B_1 可以促进糖原的分解,有利于肌肉活动,并且还能减轻疲劳和提高工作效率。含维生素 B_1 多的食物有粗粮、豆类、瘦肉、绿叶菜等。维生素 C 在体内能加强氧化还原作用,能促使组织代谢加强,提高机体工作能力和耐力。

维生素在啦啦操体育锻炼或运动训练中具有特殊生理作用,维生素可以改善机体工作能力,提高运动成绩。运动时体内物质代谢过程的加强使运动员的维生素需要量增加,剧烈运动可使维生素的缺乏症状提前发生或症状加重,运动员的维生素需要量取决于运动量、机能状况和营养水平。维生素缺乏早期表现为运动能力下降,出现疲劳感和机体免疫力的下降。但当体内维生素营养良好时,过多采用某一种维生素制剂,往往可造成维生素间的不平衡,而且长期的维生素饱和状态可造成机体对维生素缺乏更加敏感,有些维生素如维生素 A 和维生素 D 在体内蓄积还能引起中毒。经常参加体育运动最好多吃含维生素丰富的食物,每天最少要吃 500 克新鲜蔬菜或水果。

6. 水

水是生命的源泉,是维持生命活动必需的物质。人体只有在水分充足状态下才能维持良好的细胞功能、调节体温,获得最大的体力。当机体轻度失水,失水量为体重的 2% 左右时,血浆容量减少,渗透压改变,心脏负担加重、功能降低,可影响运动能力。此时,人会感到口渴,出现尿少及尿钾丢失量增加;当失水量为体重的 4% 左右,中度失水时,细胞内外液的丢失量大体相等,出现脱水综合征。失水者有严重的口渴感、心率加快、体温升高、疲劳及血压下降等症状。当重度脱水,失水量为体重的 6%~10% 时,细胞内液丢失的比例增加,并表现出呼吸频率加快、血容量减少、恶心、食欲丧失、厌食、容易激怒、肌肉抽搐、精神活动减弱甚至发生幻觉和昏迷,对健康有严重的威胁。

人体的需水量取决于排出水量。每日水的摄入量与机体经各种途径排出的水量保持动态平衡。高温、运动等出汗多时,供水量应相应增加,在运动中可适量补充含盐饮料。运动后,可根据运动前后体重变化情况加以补充。如果体重变化不大,可在餐中多喝点菜汤加以补充;如果出汗很多,尤其在夏天,运动后应注意补水,原则是少量多次,每次约 200 毫升,间隔 20~30 分钟一次。切忌一次性大量饮水。

四、啦啦操运动中不同运动时段的饮食

1. 运动前

运动前适当的饮食可以提高运动的效果和比赛的成绩。不适当的饮食会引起肠胃不适或在运动初期就感到疲劳,无法发挥出应有运动能力。运动前的饮食依据个人的喜好、习惯、适应的程度有所不同。总体上讲,运动前的适当饮食的好处是:①为机体的肝糖原做最后的补充,保证整个运动的过程有足够的能量。②提供充足的水分,使机体处于水合状态。

一般运动前1~2小时不可进食,最少也在进食30分钟以后才可进行轻微活动,原则上运动前的一餐食量不宜过多,而且应吃易于消化,含有较多糖、维生素和磷的食物,尽量少吃脂肪、纤维素含量高,且具有刺激性、过敏的食物。作为运动时的能量来源,如果运动的时间超过60分钟,可以选择升糖指数较低的食物,如面食、运动饮料,这些食物较易消化,能够迅速地提供糖类。

进食的时机随着运动的时间和食物的种类而不同,但共同的原则是,在运动过程中可提供充足的营养和能量,而又不至于在运动过程中造成肠胃道不适。一般而言,食物在饭后3小时左右就逐渐从胃排空,植物性食物在胃内停留的时间短,而含脂肪多的肉类食物在胃内停留可到5小时或更长。在运动开始时,胃内的食物应已大部分消化,因此饭后最好能休息2.5小时,再进行剧烈的运动。运动前1~1.5小时进食时,不少运动员在运动中发生腹痛、恶心或呕吐等情况。饮食与运动间隔的时间也不宜过长,饭后4~5小时,运动员就可能出现空腹感觉或血糖下降,影响运动员的兴奋性和耐久力,在饮食与运动间隔时间过久时,应采取中间加餐的措施。通常,运动前进食以七成饱为宜。如果在运动时胃对食物很敏感,少量的食物就会使之感受到饱胀不适,就需要让食物有更长的时间消化,或进食更少的食物。一般在开始运动前10~15分钟,可饮水400~600毫升,以增加体内水的临时储备。

2. 运动中

在啦啦操训练过程中,练习者应依据排汗量的多少适当补充水分,以保证机体的正常需要。补水的方法是少量多次,运动中每15~20分钟饮水100~200毫升。若出汗较多,可以喝淡盐水或者运动型饮料补充水分和电解质。

3. 运动后

运动后的恢复是非常重要的环节,恢复的好坏不仅直接影响到锻炼的效果,而且还关系到第二天的运动能力。运动结束后,为使循环和呼吸机能回复到相对平静的状态,使胃肠道有充分的准备,至少应休息30分钟后再进食。大运动量后,应休息40分钟至1小时后才能进食。运动员的进食时间应保持规律性,定时进食可使大脑皮质的兴奋性有规律升高,促进食物的消化吸收,饮食时间规律性的破坏,可能会引起消化机能的紊乱。

没有任何一种食物或进食时间表适合每一个人,每个人都需要在练习时结合实际体验,找出最适合、最有效的食物和进食时间。越来越多的研究表明,锻炼后简单的休息仅是恢复手段之一,如果能适当地补充营养,将对体能的恢复有很大帮助。运动后的营养主要作用有以下三个方面。

(1)补充因汗液而损失的水分和电解质。

剧烈的运动会导致机体大量水分的丢失,失水会影响运动的能力。运动中的补水通常都少于丢失量。因此,运动后机体还是处于不同程度的缺水状态,需要积极地加以补充。计算运动前和运动后的体重变化,每减少 1000 克体重,就表示至少需要补充 1000 毫升水甚至更多,因为在运动后仍然会持续地流汗和排尿。若是不方便测量体重,也可以根据口渴的感觉喝水。人类的口渴感觉并不灵敏,即使身体已经处于缺水状态,仍然不会觉得口渴;或是虽然喝进去的水并不足以完全补充丢失的水分,但是已经足以缓解口渴。因此,即使不觉得口渴,通常情况下还需要再喝 2~3 杯的水,才能补充足够的水分。另一个明显的指标是排尿,如果在运动后 1~2 小时中,排尿量很少或是完全没有,而尿液的颜色很深,表示身体仍然处于缺水的状态,仍需补水,直到排尿量恢复正常,而且尿液颜色变成很淡或是无色,这才表示身体已经有了足够的水分。若进行了长时间的运动,出汗较多,应积极补充电解质。汗液中主要的电解质是钠和氯离子,还有少量的钾和钙。在运动后以淡盐水或运动饮料补充水分和电解质,或者运动后丢失的电解质在正常的饮食中可得以补充。

(2)补充运动中消耗的糖。

糖原是运动时的主要能量来源之一,存在于肌肉和肝脏中。肌肉中的糖只能供给肌细胞所用,而肝脏中的糖可以以葡萄糖的形式释放到血液中,供给肌肉以及身体其他器官所需。体内糖存量不足以应付运动所需,是造成疲劳和运动能力降低的原因之一。运动后体内的糖存量显著的降低,若是没有积极的补充,下次运动时的表现就会受到肝糖原不足的影响而降低。

研究显示,在运动后两小时,身体合成肝糖原的效率最高,两小时后则恢复到平常的水平。因此,在运动后迅速补充糖类,就可以利用这段自然的高效时段,迅速地补充体内消耗的肝糖原。如果下次训练或比赛是在 10~12 小时之内,这段高效时段尤其重要。因为如果错过这个时段,即使在后续的时间吃进了足够的糖类,身体可能没有足够的时间完全补充消耗的肝糖原,使得体内的肝糖原存量一次比一次降低,越来越容易感觉疲劳。若下一次运动在 24~48 小时之后,即使错过这段时间,接下来只要着重于高糖类的食物的摄入,仍然有足够的时间补充所有消耗的肝糖原。

一般的建议是在运动后 15~30 分钟之内吃进 50~100 克的糖类(大约是每公斤体重 1 克),每两小时再吃 50~100 克糖类,直到进餐为止。正餐以及其他运动期间的饮食也应该以富含糖类的食物为主。

（3）修复受伤的组织。

即使是没有身体接触的运动，也会造成肌纤维和结缔组织的损害，运动后的酸痛部分是来自受损的肌肉组织。运动后迅速地补充蛋白质有助于修复受损的肌肉和组织，因为受损的肌肉合成和储存肝糖原的效率也会降低。

酒精有利尿的作用，会降低体内的水分，也会减少肝糖原的合成，还会影响受损组织的复原，对于运动后的恢复有很大的副作用。大运动量运动后，应避免喝酒。咖啡因也有利尿的作用，将减缓体内水分的补充，因此运动后也应该避免饮用含有咖啡因的饮料，例如，咖啡、茶等。

第二节　啦啦操运动中常见运动损伤的预防与处理

所谓"运动损伤"是指运动过程中因违反了体育活动的规律、规则，失去医务监督，而导致骨骼、关节、肌肉韧带等受到机械性和物理性方面因素所造成的伤害。

在进行啦啦操运动前，运动者要正确了解运动环境、运动者的自身条件以及技术动作。在运动过程中，对常见的运动损伤产生的原因及其防治都应有充分的认识，切实做好运动前的预防工作，最大限度地减少或避免运动损伤。

了解运动损伤的种类是预防与处理的前提，正确认识运动损伤的种类和产生原因十分重要。

1.运动损伤的分类

运动损伤的分类标准有很多，可以归纳为以下三种。

（1）按损伤程度分类：

①轻伤：伤后影响机体活动在 24～48 小时内，做一般治疗即可痊愈。

②中度损伤：伤后影响机体活动在 1～2 周内，做常规治疗及短期康复训练即可恢复正常活动。

③严重损伤：软组织损伤影响活动在两周以上，比如骨折、脑震荡、半月板撕裂，内脏损伤均属重度损伤，需做特殊治疗及较长时间的康复训练才能恢复正常的体育活动。

（2）按损伤部位力量作用分类：

①拉伤：损伤力量使肌肉、韧带、关节向外延伸，致使局部解剖学结构改变的损伤。

②挫伤：损伤力量使肌肉、韧带、关节向内延伸（下压）引起机体局部解剖学结构改变的损伤。

③扭伤：损伤力量与肌肉、韧带、关节呈扭转外延，引起局部解剖学结构改变的损伤。

④骨折、骨裂：机体骨组织受外力作用（或病理），造成骨连贯性中断的损伤。其中骨裂是指不完全折断。

(3)按损伤部位有无创口与外界相通分类：

①开放性损伤：有创口与外界相通。皮肤的擦伤、裂伤、刺伤、切割伤、贯通伤等均为开放性损伤。

②闭合性损伤：无创口与外界相通。一般的肌肉、韧带、关节损伤均是闭合性损伤。

(4)按运动损伤发生的病程分类：

①急性损伤：在体育活动过程中一次性产生的机体损伤，其特征是发病急，病程短，症状骤起。如肌肉拉伤、关节韧带扭伤等

②劳损：在长期、多次的体育训练中，由于局部组织重复单一的超负荷活动又没有及时地改善局部负担而造成机体局部组织的细微改变所致的损伤。其特征为发病缓慢，症状渐起，病程较长，如肩肘损伤、髌骨软骨软化症等。

2.运动损伤产生的原因

正确认识运动损伤产生原因，并加以预防，可以避免运动损伤的发生。发生运动损伤的原因是多方面的，但具有一定的规律性。主要可归纳为内在因素和外在因素两类。

2.1　内在因素

参加体育运动的人是体育活动的主体。运动损伤致伤的内在因素很多，每一个体育活动的参与者，例如：思想认识因素、准备活动的因素、运动量安排的因素、运动专项技术的因素、超负荷(动作难度、活动强度、运动量超过身体水平)活动、身体状态欠佳(过度疲劳、病后、睡眠休息差)等情况，均有可能导致运动伤害事故的发生。在啦啦操运动中，运动者如没有掌握好自我保护的方法，往往成为重大伤害的主要原因，如啦啦操练习时发生的颈部、腰部损伤等。

(1)不重视科学锻炼的原则和方法：

①对运动损伤的预防不重视，训练不注意安全，对损伤的发生不分析原因，不总结经验，不吸取教训。

②盲目冒失地进行锻炼，急于求成，忽视循序渐进和量力而行的原则。

③缺乏安全保护技术和自我保护能力的培养。

④意志品质不坚强。

(2)准备活动不合理：

①准备活动不充分或缺少必要的准备活动环节。由于机能惰性，各部分机能没有相应提高，神经系统和其他器官系统的机能还没有充分做好准备，突然投入紧张的正式运动中，容易发生肌肉拉伤和关节扭伤。

②准备活动内容与运动的基本内容结合不好，或者缺乏专项准备活动。

③准备活动过量，机能下降，已经疲劳。

④准备活动与正式运动之间间隔时间过长，失去准备活动的意义。

(3)运动量安排不合理：

①局部负担量过大,超出生理负担量。例如,过多的跳跃和蹲杠铃,导致膝部负担过大,易患髌骨劳损;过多的跳、跑能引起胫腓骨疲劳性骨膜炎;过多的支撑动作,易引起桡骨远端骨骺炎和肱骨小头骨骺炎。

②人体机能状态不良时(身体疲劳、伤病刚愈)会机能降低、肌力减弱、反应迟钝,此时若再进行正常或者超负荷的训练,就难免出现伤害。

(4)忽视性别与年龄差异性：

①忽视大学生的生理特点,缺乏必要的医务监督。

②不遵守个别对待原则,对于大学生运动技能的高低没有仔细区分。

③不从实际出发,技术要求过高,生理负荷过大而导致运动损伤的发生。

2.2 外在因素

根据专家们的研究,外在因素导致的运动损伤占造成运动损伤原因的 40%～50%,主要包括以下几方面的原因。

(1)锻炼组织方面的原因：

在同一时间同一场地上参与运动的人较多,没有组织或组织不当也容易发生运动损伤。例如,分组不适当,实力、体力相差较大,组织一些超出体力承受能力的运动(比赛)等。

(2)气候方面的原因：

气温过低、肌肉僵硬、协调性差,容易出现运动损伤;气温过高,机体容易出现疲劳而发生损伤,也容易发生中暑;天黑或有大雾时能见度低,也容易发生意外运动损伤。

(3)场地器材方面的原因：

场地高低不平,或过软、过硬、过滑等,都容易造成运动损伤。

3.运动损伤的预防原则与方法

3.1 预防原则

(1)重视预防运动损伤的宣传教育工作,加强对体育运动的认识。

(2)加强运动中的保护与帮助。

(3)科学地组织教学、训练、比赛,合理控制运动负荷。

(4)重视运动前的准备活动。

(5)开展和加强啦啦操运动中的医务监督工作。

3.2 预防运动损伤的一般方法

(1)加强对体育运动的认识。

①遵循体育教学、训练原则。

②遵守自觉、系统、循序渐进和区别对待原则。

③加强安全意识教育,克服麻痹思想和侥幸心理。

（2）加强运动中的保护与帮助。

①教师应增强体育课安全意识，具有预见性，根据教学内容每节课上课前认真检查场地、器材，研究教法。

②学生也应该学会摔倒时的各种自我保护方法。如身体失去平衡应立即向前或向后或向左向右再跨一大步，用适当的滚翻动作来缓冲外力；在身体很疲劳或生病期的时候暂时不进行剧烈运动，或者不参加运动。

③各种器材与场地也应符合安全要求，做到防患于未然。

（3）合理安排教学量及运动负荷。

实践证明，运动量安排过大，不但无法起到锻炼身体的作用，反而会引发运动损伤。反之，如果运动负荷安排不足，就达不到促进人体运动能力提高的目的。因此，应该严格按照运动训练的原则，根据各项运动的特点，个别对待，循序渐进，合理安排运动负荷。

（4）重视运动前的准备活动。

在啦啦操运动中，充分的准备活动是保证学生不受损伤的主要手段之一。因此，无论是在平常的体育教学中，还是在教学比赛中，都应充分做好准备活动。准备活动应注意以下三方面：一是准备活动的内容与负荷；二是个人的身体机能状况；三是当时的天气情况。要根据不同的条件做好充分的准备活动，对易伤部位要特别注意掌握好时间的间隔。同时加入一些力量练习和伸展性练习，进一步提高肌肉的弹性，预防肌肉的拉伤。

（5）加强医务监督工作。

除了在场地配备常用药品，还须配备急救品（如氧气袋、担架、夹板、止血带等），提高现场急救能力，加强教学、训练和比赛时的医务监督作用。在体育教学中一定要教育学生加强自我监督意识，发挥学生的能动性，这才是积极地避免运动损伤发生的根本所在。

4.啦啦操中常见运动损伤与运动性疾病的预防及处理

啦啦操运动中常见损伤有肌肉拉伤、关节扭伤、运动腹痛、运动炎症、半月板症等。

4.1　肌肉拉伤

（1）原因与症状：主要是在肌肉过度主动收缩或被动拉长情况下发生。表现为伤处疼痛、肿胀和摸之发硬，在活动时疼痛增加。严重的拉伤是肌肉断裂，其表现除上述症状外伤处有凹陷或一端不正常膨大。

（2）处理：肌肉抗阻力试验是检查肌肉拉伤的一种简便方法。其做法是让患者做受伤肌肉的主动收缩活动，检查者对该活动施加一定阻力，在对抗过程中出现疼痛的部位，即为拉伤肌肉的损伤处。肌肉拉伤的治疗要根据具体情况而定。少量肌纤维断裂者，应立即给予冷敷，局部加压包扎，并抬高患肢，24～48小时后进行热敷、按摩、理疗和敷中药。肌肉大部分或完全断裂者，在加压包扎后应立即去医院进行手术缝合。

4.2　关节韧带扭伤

（1）原因与症状：这是关节在超出活动范围和承受力时所致。最容易发生扭伤的是踝关节和膝关节,其次是指、腕、肩、腰、肘,表现为疼痛、肿胀。

(2)处理:对于轻度韧带损伤,治疗方法主要是止痛与加快消肿。韧带损伤发生后,应进行局部冷敷、加压包扎、抬高伤肢。在24～48小时后对伤部周围热敷或按摩。中度损伤治疗的关键是制动,使韧带处在避免牵拉的位置,可用弹性绷带固定受伤处,以便加速愈合。对于重度损伤,则应在损伤早期将韧带断裂端进行良好的对合。

在这里介绍最常见的扭伤——踝关节扭伤及处理方法。

(1)踝关节的损伤形式:

①内翻足的前外侧着地踝关节扭伤,俗称"崴脚"。

②外翻足的落地动作不正确,身体重心向内侧偏移导致的踝关节扭伤。

③反复扭伤也叫"足球踝"。足踝关节外翻后不注意,特别是伤未痊愈后重新运动,导致踝关节外侧韧带反复扭伤。

(2)踝关节的损伤原因(以内翻为例分析):

①落地不平,关节内翻。

②踩球。

③准备活动不充分,或韧带不结实。

④训练量过大,韧带过于疲劳。

(3)踝关节内翻的机制:

①内踝关节比外踝关节高。

②距骨前宽后窄。

③内侧三角韧带比外侧韧带强。

④第三腓骨肌比胫骨前肌弱。

(4)症状:

①疼痛、肿胀(及时加压包扎,20多天就好;不及时加压包扎,则50～60天也不好)。

②皮下瘀血,压痛明显。

③撕脱性骨折,有骨擦音,透视可见到骨折程度。

④关节缝变宽。

(5)处理:

①特别注意,发现此类伤,不要一动就揉。

②立即进行止血、压迫、固定、局部冷敷。

③24小时以后(重者48小时后)可外敷中药,每24小时换1次药物,同时可配合进行理疗、针灸或按摩。

④保护关节,防止反复损伤,若反复损伤会导致习惯性关节炎,即"足球踝"。

4.3　运动腹痛

运动性腹痛是指由于身体运动而引起或诱发的腹部疼痛。腹痛一般分为胃痉挛、肠痉挛、腹直肌痉挛和腹部慢性病。

（1）原因：

①锻炼水平差。体质弱者心脏功能差,心脏搏动无力,影响静脉血回流,从而引起肝脾淤血肿胀,使肝脾被膜张力增加发生腹痛。

②准备活动不充分或未做。未做准备活动参加剧烈运动,造成内脏器官跟不上运动器官剧烈活动的需要,导致血供、氧供不足而产生腹痛。

③违反卫生原则。饱食后立即运动、活动前或中大量饮水、吃喝冰冷食物等,使胃肠在食物和水充盈状态下,受到机械性震动而发生肠胃痉挛,或牵引肠系膜引起腹痛。另外,空腹锻炼,使酸或冷空气刺激胃,也会产生腹痛。

④各种慢性肠胃疾病。忌有胃溃疡、肠结核、慢性阑尾炎和肝脾脏等疾病者时,导致充血、水肿、受到牵引和震动等刺激,也容易发生腹痛。

（2）症状：

肝脾淤血引起的腹痛,肝病在右侧肋部,脾痛在左侧肋部,疼痛性质为胀痛或牵扯性疼痛;饮食卫生不合理引起的胃肠痛在上腹部,一般在运动不久便出现疼痛,运动强度越大,疼痛更严重;由运动引起的阑尾炎,痛感在右下腹部,有压痛感。

（3）处理与预防：

在运动中出现腹痛,一般是降低运动强度,同时加深呼吸,调整好呼吸与动作的节奏。按压疼痛部位或弯腰与伸腰调整,可使疼痛减轻或消除;如果无效,则可以掐人中、内关、足三里等穴位,同时停止运动;可以服用解痉挛药物（颠茄、阿托品等）;若上述方法再无效,则请医生检查治疗。

加强预防,运动前进行体检,排除各种内脏器官疾病,遵守运动饮食卫生原则,饭后1.5～2小时才可参加剧烈运动;做好运动前的准备活动;注意运动中的呼吸与动作调整;努力提高锻炼水平,提高身体的适应能力。

4.4 运动炎症

（1）原因与症状：多由运动损伤或运动过度引起的,常见的有肌腱腱鞘炎、骨膜炎和滑囊炎等。发炎是由于受过一次或一次以上损伤或负荷过度。表现为有疼痛感,运动时更疼痛,急性的还伴有肿胀。

（2）处理：急性的要停止活动,慢性的要减少运动负荷。治疗方法是理疗、按摩、敷中药,严重的可以考虑做手术。

4.5 半月板症

（1）原因与症状：半月板症一般由于过度做膝部动作和跑步造成的,患半月板症的,时常会有"咔"的响声在膝部。

（2）处理：减少过多的膝部动作,减少转体、跳等的撞击动作。注意放松、休息、按摩。

5.运动损伤的应急处置手段

5.1 运动损伤的应急处理原则

如果在运动中不幸受伤,请记住有一个可以帮助你的英文单词"RICE"(米)。它实际上代表着"R"制动、"I"冷敷、"C"加压包扎、"E"抬高患肢。当运动损伤发生的时候,发生损伤的部位就会出现疼痛、肿胀、炎症反应等状况。为防止这些症状的加重所采取的应急措施手段称为"应急处理"。应急处理也被称为"RICE 原则",包括以下四个方面。

(1)制动(Retaining):

制动对于骨骼肌的损伤来说是不可缺少的。制动主要是立即停止运动,让患部处于不动的状态。运动中止后的制动可以控制肿胀和炎症,可以把出血控制在最小的限度内,然后用石膏、拐杖或者支架把处置过的患部固定住。受伤后固定二三天,不仅可防止并发症的发生,而且,对治疗也有一定的帮助。如果过早地活动患部,不仅会出现出血等症状,还可能使其机能损伤进一步加重,恢复时间延长。

(2)冷敷(Ice):

冷敷在应急处置过程中是效果最为明显的,冷敷既可以减轻疼痛和痉挛,减少酶的活性因子,同时又可以减少机体组织坏疽的产生,在受伤 4~6 小时内所产生的肿胀也会得到一定程度的控制。冷敷还可以使血液的黏度增加,毛细血管的浸透性变少,减少或限制流向患部的血流量。

(3)加压包扎(Compression):

在几乎所有的急性损伤中都采用加压包扎的方法,加压包扎可使患部内出血及瘀血现象减轻,还可以防止浸出的体液渗入组织内部。加压包扎有很多方法,可以把浸水的弹力绷带放进冷冻室,这样可同时起到冷敷和加压的作用。还可以使用毛巾及海绵橡胶做的垫子来进行加压包扎。例如,踝关节扭伤时,可以用"U"字形的海绵橡胶垫子套在踝关节上,然后用胶布或弹力绷带固定。采用以上的加压包扎可以防止和减轻踝关节周围的浮肿。冷敷是间断性的,而加压则在一天中都可以连续使用。

(4)抬高患肢(Elevation):

抬高患肢是把患部提高到比心脏高的位置。同冷敷、加压一样,抬高患肢对减轻内出血也是非常有作用的,不仅可以减轻通向损伤部位的血液及来自体液的压力,以促进静脉的回流,患部的肿胀及瘀血也会因此得到相应的减轻。

5.2 "RICE"的正确顺序

①停止运动,保持不动;

②掌握了解受伤的程度;

③在患部敷上冰袋;

④用弹力绷带把冰包固定住;

⑤把患部举到比心脏高的位置;

⑥感觉消失或者 20 分钟后把冰袋拿掉；

⑦使用海绵橡胶垫子和弹力绷带做加压包扎；

⑧根据损伤的程度,每一小时或一个半小时用冰袋进行冷敷,直到患部的疼痛得到缓解为止；

⑨睡觉时要把弹力绷带拆去；

⑩睡觉时也要把患部举到比心脏高的位置；

⑪次日清晨重新进行一次"RICE"处置；

⑫如果受伤严重,以上程序坚持做 2～3 天。

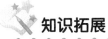 **知识拓展**

维生素都"住"在哪?

维生素 A:动物肝脏、蛋类、乳制品、胡萝卜、南瓜、香蕉、橘子和一些绿叶蔬菜中。

维生素 B_1:葵花籽、花生、大豆、猪肉、谷类中。

维生素 B_6:肉类、谷类、蔬菜和坚果中。

维生素 B_{12}:猪牛羊肉、鱼、禽、贝壳类、蛋类中。

维生素 C:柠檬、橘子、苹果、酸枣、草莓、辣椒、土豆、菠菜中。

维生素 D:鱼肝油、鸡蛋、人造黄油、牛奶、金枪鱼中。

维生素 E:谷物胚胎、植物油、绿叶蔬菜。

维生素 K:绿叶蔬菜中。

 学以致用

1.在啦啦操运动中不同运动时段如何进行饮食?

2.运动损伤的应急处理原则是什么?

第七章 啦啦操运动竞赛组织与规则

应知导航

　　啦啦操竞赛与组织是教学中不可缺少的部分。通过本章学习,可以熟悉竞赛流程,为更安全、合理地推广啦啦操运动奠定基础。通过校园小型竞赛组织案例介绍,让更多的群体参与到这项运动中来,享受啦啦操带来的快乐。

第一节　啦啦操运动竞赛组织

一、啦啦操竞赛的组织

　　啦啦操竞赛的组织是一项复杂而又细致的工作,直接影响比赛的质量和预期的效果。在赛前、赛中及赛后都要进行一系列的工作,每个环节都十分重要,一环紧扣一环,缺一不可。

　　(一)召开主办单位筹备联席会议

　　由主办单位或负责人召集有关单位及部门的相关人员出席会议。会议的主要内容是协商并落实有关竞赛的具体事宜,包括确定承办单位、经费来源、比赛日期、地点、规模等。成立竞赛筹备办公室,确定办公室成员,将任务分工落实到具体的人。

　　(二)制定竞赛规程

　　竞赛规程是组织比赛的重要的指导性文件,是比赛筹备工作的依据,也是参赛单位、运动员、教练员及裁判员必须执行的标准。竞赛规程应由主办单位制定,一般应至少提前三个月下发给各个部门,以便参赛单位有充分的时间准备并安排好各项事宜。竞赛规程应简明、准确,使执行者不易产生误会。

　　竞赛规程一般应包括以下内容:

　　1.比赛的名称:包括年度(届)、性质、规模、名称(包括比赛总决赛和分站赛)。如×

×××年全国×××啦啦操锦标赛。

2.比赛的目的:简述举行本次比赛的目的。

3.比赛的时间和地点:要详细、清楚地写明比赛的年、月、日和地点。若具体的比赛地点在下发规程前还不能确定,则要先将比赛所在的城市写清楚。

4.参加单位的条件:限定参加者的范围,要具体、明确。

5.竞赛的项目:对本次比赛参加项目、内容和时间的规定。

6.参赛的办法:说明采取什么样的比赛方式,一次性还是分预赛和决赛,是否按技术水平及年龄分组,是单项赛还是团体赛或单项、团体赛都有。在某种比赛方式中的特殊规定一定要注明。

7.参加人数及年龄:规定每个单位参赛的人数、参赛运动员的年龄要求。

8.评分方法:说明比赛采用什么评分规则和计分方法,团体赛和单项赛的录取办法。

9.录取名次及奖励办法:根据比赛的规模说明评几个奖项,每个奖项设几名,是否有奖品或奖金等。

10.报名和报到:说明报名的方式及要求、截止日期。比赛报到的时间、地点、联系电话等都要很清楚。

11.其他:凡不包括上述内容的所有事宜均可列入该项中。

(三)建立竞赛组织机构

根据比赛规模的大小,成立相应的组织机构。全国性比赛由主办单位和承办单位共同协商确定大会组织委员会成员,包括主办单位负责人、赞助单位负责人、承办单位和地体委的负责人,上级领导机关的代表和有关知名人士以及总裁判长。组织委员会一般设主任1人,副主任1人,委员若干人。它是比赛大会的最高领导机构,在其下属的是各办事机构。根据比赛规模决定成立几个分部门。大规模的或大型综合性比赛,部门分得很细,各部门责任具体、细致。中小型比赛则可以设几个部门或只安排具体的人分别负责这几方面的事宜。以全国性比赛为例,包括以下几个部门。

大会组委会:

1.大会办公室

(1)秘书处;

(2)集资处;

(3)新闻处:广告、宣传报道、标语牌、横幅及新闻发布会;

(4)保卫处;

(5)接待处:接站、送站、定返程车票。

2.竞赛处

(1)场地;

(2)设备;

(3)编排秩序册、组织抽签、排序等。

3.仲裁委员会

4.裁判委员会

(1)裁判员;

(2)检录员;

(3)记录员;

(4)播音员。

（四）领队和教练员、裁判联席会议

领队和教练员、裁判联席会议竞赛中一项重要内容,是参加对于大会及裁判员沟通的主要途径之一,双方都应重视。一般由组委会主持,各处负责人及裁判长参加。通常在赛前、赛后各安排一次。

赛前领队、教练员会议主要内容包括:

1 介绍比赛的准备情况。

2.介绍大会主要部门的负责人和主要工作人员。

3.宣布大会竞赛日程及有关规定。

4.解答和解决参赛队提出的有关问题。如:比赛安排、生活、规程及规则等方面。如果在规则和技术方面的问题较多,还应单独召开领队、教练员技术会议,由裁判长详细解答。

5.抽签排定比赛出场顺序。如果时间允许,采取公开抽签的办法,由各队自己抽签比较好。如时间不允许,可提前进行抽签,但必须有组委会委员或有关人在场监督执行,由指定人员代理抽签。这项工作应在领队、教练员会议上专门交代,以免引起误解。

（五）比赛过程

1.开幕式

(1)由主持人宣布比赛开幕式开始。

(2)运动员入场式。

(3)介绍领导和嘉宾。

(4)领导讲话,运动员及裁判员代表宣誓。

(5)运动员退场。

2.比赛进行

(1)赛前检录:一般赛前20分钟按出场顺序第一次检录,赛前5分钟第二次检录。

(2)运动员外场准备,有播音员向观众介绍裁判委员会和裁判员。

(3)运动员由播音员宣告后上场向裁判员示意,做好准备姿势,由放音员播放音乐。

(4)运动员在音乐伴奏下完成整套动作。

(5)裁判员进行评分并公开示分,播音员宣布得分。

（6）记录员记录每名裁判员的分数和运动员的最后得分。

（7）赛后,记录单经裁判长确认无误后再签名,交总记录处存根。

（8）成绩由总记录处统计后得出比赛名次。

3.闭幕式及颁奖

（1）主持人宣布闭幕式开始。

（2）裁判长宣布比赛成绩（获奖名单）。

（3）获奖运动员入场。

（4）请领导或某知名人士为获奖运动员颁奖。

（5）运动员退场。

（6）可安排优秀运动员表演或专门组织的表演。

（7）领导致闭幕词。

（8）宣布比赛胜利结束。

4.比赛的收尾工作:编制和印发成绩册;安排各队离开赛区的事宜;场地、器材、服装、用具等物资设备的清理工作;财务结算;工作总结;上报上级主管部门。

二、运动员、教练员、裁判员守则

（一）运动员守则

1.拥护中国共产党,热爱社会主义祖国,坚持四项基本原则,刻苦学习,全面发展,为锻炼成为社会主义事业的接班人而努力,为振兴中华做贡献。

2.有理想、有道德、有文化、有纪律。

3.认真参加训练和比赛,服从领导,尊重教练,完成训练任务,努力提高运动技术水平。

4.赛出风格,赛出水平,胜不骄败不馁,尊重裁判,尊重对手,尊重观众。

5.认真对待每场比赛,奋力进取,顽强拼搏,反映出当代学生运动员的精神风貌和体育道德

6.团结友爱,关心集体,严于律己,勇于开展批评与自我批评,反对自由主义。

7.讲文明、讲礼貌、讲卫生、讲道德、守纪律,爱护公物。

8.尊重领导,服从组织,遵守校规和大会纪律,真正做到令行禁止。

（二）教练员守则

1.拥护中国共产党,热爱祖国,忠诚党的教育事业,以身作则,培养德智体全面发展的高素质学生而努力。

2.严格管理,加强思想政治教育。关心热爱学生,以身作则,为人师表,教书育人。

3.认真做好赛前准备和临场的指挥,赛后认真总结。讲文明、讲礼貌。尊重裁判,尊重大会工作人员。

4.发扬民主,关心和爱护运动员,不打骂和变相体罚运动员。认真爱好和管理好运动员。

5.坚持真理,发扬正气。在训练、比赛和生活诸方面做运动员的表率,比赛期间不酗酒。

6.教练员之间相互尊重、相互学习、相互支持、团结协作,不搞不正之风。遵纪守法,维护社会公德,模范地执行各项规章制度,敢于同不良倾向做斗争。

(三)裁判员守则

1.拥护中国共产党,热爱祖国,热爱体育竞赛裁判工作。

2.努力钻研业务,精通规则和裁判法,积极参加实践,谦虚谨慎,不断提高业务水平。

3.严格履行裁判职责,做到严肃、认真、公正、准确。

4.作风正派,不徇私情,坚持原则,讲文明、讲礼貌,敢于同不良倾向做斗争。

5.裁判员之间相互学习、相互尊重、相互支持、团结协作。服从领导,遵守纪律。

6.临场执行任务精神饱满,服装整洁,仪表大方。

三、啦啦操的裁判组成与职责

1.高级裁判组

(1)负责控制整个裁判工作,按照规则对裁判和裁判长的评分进行调控,以保证最后得分的正确性。

(2)记录各裁判员打分的偏差。

(3)监督整个比赛的进程,处理影响比赛进程的一切违纪或特殊情况。

2.裁判长

(1)组织裁判员进行规则学习,统一评分标准,研究评分细则。

(2)赛前5分钟召集裁判组人员准备入场。

(3)发出比赛开始信号,领导裁判组现场评分。

(4)检查评分情况如发现裁判不公正时,应向其提出批评,情节严重者应向仲裁委员会报告处理。

(5)在记录员的协助下,查看成套动作的时间,视情况给予扣分。

(6)检查评分差距,计算并出示最后得分。

(7)有权召集裁判员会商。

(8)对教练员、运动员行为错误给予扣分,情节严重者给予警告或取消其比赛资格。

(9)扣除违例扣分。

3.裁判员

(1)熟悉竞赛规程,精通竞赛规则及裁判法,进行独立评分。

(2)必须在裁判员评分表上做好记录,作为评分依据,便于检查。

（3）遵守裁判员守则,按照规则进行评分。

（4）尊重并服从裁判长的领导,有权用适当的方式、在适当的场合向裁判长提出意见。

4.计时员

（1）了解比赛规则,熟悉成套动作规定时间。

（2）赛前实习计时器性能及使用方法。

（3）比赛时运动员动作开始开表,运动员最后动作结束时停表。集体项目第一人动作开始时开表,最后一人动作结束时停表。

（4）熟练、准确地向裁判长报告成套动作的时间。

5.检录员

（1）负责赛前点名、检录,并向运动员讲解有关比赛的注意事项。

（2）发现有弃权运动员应立即通知裁判长。

（3）比赛开始时或发奖时,负责带领运动员入场或退场。

6.记录员

（1）填写比赛评分表,记录各裁判员的分数。

（2）计算运动员的最后成绩。

7.总记录员

（1）登记并审核记录员填写的《比赛评分记录表》。

（2）准确、迅速计算出运动员名次,得分和团体总分及名次。

（3）比赛结束后,协助竞赛委员会编写成绩册,负责整理比赛用的所有表格资料。

8.放音员

（1）在运动员报到时负责收存比赛用的音乐带,根据比赛出场顺序进行编号。

（2）比赛结束把录音带及时归还运动员,比赛过程中,不准任何人借用或复制录音带。

第二节　啦啦操运动竞赛常用规则和裁判法

一、啦啦操竞赛总则

（一）竞赛种类

1.啦啦操国际赛事:世界啦啦操锦标赛、世界全明星啦啦操比赛及世界大学生、青少年啦啦操锦标赛等。

2.啦啦操国内赛事:全国啦啦操联赛、冠军赛、锦标赛和总决赛等。

（二）竞赛项目分类

1.技巧啦啦操：集体技巧啦啦操、4～5人小集体啦啦操、双人配合技巧啦啦操。

2.舞蹈啦啦操：花球啦啦操、爵士啦啦操、街舞啦啦操、自由舞蹈啦啦操、高踢腿啦啦操。

（三）竞赛项目的时间及场地要求

1.每支队伍必须在比赛开始前，按照大会规定把比赛音乐发到指定邮箱。

2.集体项目成套比赛时间不能超过2分15秒；双人项目成套比赛时间不得超过1分30秒。

3.赛台：舞蹈啦啦操比赛可使用赛台，赛台高80～100厘米，后面有背景遮挡，赛台面积不得小于16×16平方米。技巧啦啦操比赛禁止使用赛台。

4.场地：竞赛场地可用地板或地毯。并清楚地标出14×14平方米的比赛区域。标志带为5厘米宽的红色或白色带。标志带是场地的一部分。

5.座位区：裁判员坐在赛台正前方，视线员座位在赛台的2个对角。

（四）比赛程序

队伍必须尽快进入比赛场地，不允许出现有编排的入场。队伍应在比赛区域内的任何位置准备开始，踩出比赛场地不会被处罚。

进行规定动作和自选动作比赛，自选动作必须符合规则要求。比赛分为"预赛"和"决赛"两种。预赛：凡报名参加竞赛的运动员，均需参加预赛。预赛中取得前8名成绩的运动员方可参加决赛。预赛中团体总分为各单项成绩之和，得分多者，名次列前，总分相等时，名次并列，下一名次为空额。决赛：参加决赛的运动员，预赛的成绩不带入决赛，最终名次由决赛成绩决定，如成绩相等，名次并列，下一名次为空额。

（五）比赛着装

1.舞蹈啦啦操表演时须穿鞋，不允许仅穿短袜或紧身连裤袜；技巧啦啦操比赛时必须穿着软底运动鞋。不允许穿着舞蹈鞋靴、体操鞋（或类似款式）。鞋必须有牢固的鞋底。

2.舞蹈啦啦操当首饰作为服装的一部分时，允许使用。

3.技巧啦啦操不允许佩戴任何种类的珠宝饰品且不限于以下列举，包括耳环、鼻环、舌环、脐环、面环、透明塑胶饰物、手镯、项链和服装上的别针等。所有饰物必须摘下，不允许绑贴于任何表面。例外：医疗用的身份标签手环。

4.允许将水钻附着在比赛服或皮肤上，但保持不能脱落；运动员不能佩戴眼镜（隐形眼镜除外），如因生理原因不能戴隐形眼镜，需要由二级甲等以上级别医院开具医学证明，交于裁判组，经研究同意后方可佩戴有加固装置的运动眼镜。

特别说明：舞蹈和技巧啦啦操成套的编排、音乐、服装（包括妆容）应适当并且适合各年龄段的观众观看。禁止庸俗和带有性暗示的内容，比如音乐、动作及编排带有攻击性的元素,且不得带有性暗示的音乐和动作。舞蹈啦啦操禁止使用放置于地面用于承重的道具,例如:靠椅、凳子、长椅、梯子、箱子、阶梯等。

二、裁判评分标准

1.舞蹈啦啦操评分标准(100分)

(1)技术:30分(动作技术的执行:10分;动作风格的执行:10分;技术技巧的动作的执行:10分)。

(2)团队协作能力:30分(动作与音乐的同步性:10分;动作的统一:10分;空间的一致性:10分)。

(3)编排:30分(音乐性、创造性、原创性:10分;舞台效果、视觉效果:10分;难度等级:10分)。

(4)总体评价(交流、公众形象、观众号召力):10分。

2.技巧啦啦操评分标准(100分)。

(1)口号:10分。

(2)托举:25分。

(3)金字塔:25分。

(4)篮抛:15分。

(5)翻腾:10分。

(6)过渡与流畅性:5分。

(7)总体印象、观众的反应(舞蹈):10分。

3.最后得分

(1)舞蹈啦啦操裁判评分为:9名裁判,去掉一个最高分和一个最低分,剩余7名裁判分数相加为总分。

(2)技巧啦啦操裁判评分为:10名裁判,去掉一个最高分和一个最低分,剩余8名裁判分数相加为总分。

(3)最后得分:从总分中减去裁判长扣分为最后得分。

4.裁判长减分

(1)人数不足或超出:1分/人/裁判。

(2)超出时间限制:5分/裁判。

(3)服装、鞋、道具、装饰物等的脱、掉落:3分/裁判。

(4)套路中断5~10秒:3分/裁判。

(5)套路中断10秒以上:5分/裁判。

(6)托举违例:5分/裁判。

(7)其他规则违例:5分/裁判。

(8)出现违规广告标贴:5 分/裁判。

三、啦啦操特殊注解和特定要求

（一）舞蹈啦啦操特殊注解

1.对比组合动作:是指集体在完成同一组动作时,在不同的节拍点依次开始。例:同样动作第一组队员从第 1 拍开始,第二组队员从第 3 拍开始,第三组队员从第 5 拍开始,同样动作用不同的节拍点依次启动。

2.方向变化:方向变化一共有 8 个点位,在 1×8 拍的动作中,身体的点面发生改变。

3.空间变化:空间变化是指身体在"三维空间"发生改变,即在动作中出现地面、站立、腾空三个空间转换的变化。

4.流动队形:流动队形是指动作中以稳定的队形进行位置的移动所产生的新队形的变化。

5.配合与托举:配合与托举是指舞蹈啦啦操可出现动作配合和具有舞蹈主题的托举造型,但必须在全过程中保持身体接触。

6.复杂与多样性:是指舞蹈啦啦操动作素材内容丰富,不同风格类型的舞蹈动作与舞蹈技巧托举配合在动作结构以及表达形式、动作类型、体能要求上均有体育与艺术、运动与舞蹈的完美结合。

7.个性化与独特性:是指独特的特点或独特舞蹈风格与独一无二的舞美造型产生独有的效果。

（二）技巧啦啦操特殊注解

1.支撑:为尖子提供稳定性的肢体接触。在金字塔或者金字塔的过渡中支撑尖子的头发或服装是不合适的,头发和服装是不符合规定的身体部位。

2.下法:从托举或金字塔落到摇篮或地面的动作。从摇篮落到地面的动作不被视为下法。

3.准备动作:一个翻腾动作或者托举的最开始时或准备阶段。

4.延伸预备位或半预备位:当尖子在底座支撑下达到肩位的高度。

5.保护员:这类人的首要职责是在托举或抛接中保护尖子的头部及其肩部区域。保护者必须位于托举或抛接的旁边或后面。

(1)保护员必须站在表演场地中。

(2)技术技巧动作执行过程中,保护员必须注意力集中。

(3)每个高位托举都需要有保护员。

(4)不要求保护员参与托举,但必须在合适的位置防止伤害的发生。

(5)保护员不能使自己的身体躯干在托举的下面。

(6)保护员可以握住底座的手腕、手臂、尖子的腿和踝关节,或者不与托举的尖子产生接触。

(7)保护员不得将双手置于尖子的脚底和底座的手下。保护员可以将一只手置于尖子的脚下,只要另外一只手放在一名底座的手腕后或尖子脚踝的后面。

(8)所有的保护员必须是本队成员且经过特定专业的训练。

(9)在某种情况下(如托举过渡中),保护员可以被视为一名底座。

(三)舞蹈啦啦操特定要求

舞蹈啦啦操成套设计必须风格鲜明,突出舞蹈的风格特点以及技术特征,成套创编须包含舞蹈动作组合、难度动作、过渡与连接等内容,动作素材以及难度的选择必须符合三类舞蹈啦啦操项目特征,如:转体、跳跃、平衡与柔韧。同时要求舞蹈动作组合与难度动作均衡分布。禁止渲染暴力、种族歧视、宗教信仰以及性爱等内容。

舞蹈啦啦操特定要求包括以下几个方面:

1.队形变化新颖流畅,流动队形移动速度以及变换的整体感淋漓尽致表现团体的舞蹈魅力。

2.对比、层次变化的突然性、创新性和立体空间感。

3.视觉效果带来的冲击力。

4.过渡与连接创编的新颖性、多样性、独创性、流畅性和合理性。

5.动作的复杂与多样性。

6.动作素材内容丰富,大量不同风格、类型的舞蹈动作与舞蹈技巧托举、配合,在动作结构、表达形式、动作类型、体能要求上均有不同,把体育与艺术、运动与舞蹈完美结合。

7.体现运动员的综合能力和训练水平,展示出成套动作与音乐、运动员的表现力的和谐统一。

(四)技巧啦啦操特定要求

1.动作技术要求

(1)成套动作中的难度选择,必须根据竞赛规程所规定的难度级别来选择,不得超过本级别难度动作,不得超出运动员的实际能力,否则将判违例。

(2)所选报的难度级别在成套动作中本级别每类难度至少各出现1次,每缺少一类将由难度裁判减5分。

(3)成套动作中难度数量的选择必须符合本级别规定的难度数量,每超过一个难度数量减2分。

(4)所选难度级别的难度选择必须符合规定。

(5)难度动作选择违反《安全准则》规定,每出现一次减5分。

2.动作完成最低标准

(1)翻腾动作过程清晰,空翻并有明显腾空动作,结束单脚或双脚落地,转体度数基本完整。

（2）托举上法的速度，上法、托举空中造型、下法动作清晰，托举造型停顿 2 秒或有清晰的展示过程，重心控制稳定。

（3）抛接上架、抛的轨迹、腾空的姿态、接、下法动作清晰，尖子的空中难度动作达到难度完成标准（转体的角度、身体的姿态、重心的控制）。

（4）金字塔清晰展示上架、造型两个动作过程。金字塔造型停顿 2 秒或有清晰的展示过程，重心控制稳定。

3.动作完成的判定

（1）裁判员将使用速记符号记录全部成套动作中的难度动作，并根据各组别所规定级别难度进行记写评分，同时对违例动作给予减分。

（2）所有动作必须达到最低完成标准。

（3）裁判员记录成套中最先出现的各级别规定范围内允许的动作，超过本级别动作予以减分。

（4）选择某一级别项目参赛，必须符合级别要求，超过本级别动作将予以违例减分。

4.违例减分

（1）超出本级别规定的难度动作。

（2）违反竞赛规则《安全准则》的行为和动作。

第三节　校园小型竞赛与活动的组织与实施

一、成立竞赛组织委员会

根据比赛规模的大小，成立相应的组织机构，组织委员会一般设主任 1 人，副主任 1 人，委员若干人。它是比赛大会的最高领导机构，在其下属的是各办事机构。根据比赛规模决定成立几个分部门。校园的小型比赛只需几个部门即可。

（一）总负责人 1 人：负责制定和实施活动计划和总体安排。

（二）场地音响管理员 1 人，负责安排和落实场地和音响设备，以及比赛时音乐的播放。

（三）组织宣传负责人 1 人，干事若干。负责报名、通知、宣传等活动。

（四）现场主持 1～2 人，负责比赛现场的出场顺序、播报成绩，调节气氛、控制节奏等。

（五）经费预算、开支等 1 人。

（六）安全负责若干人。

二、制定竞赛规程

竞赛规程是组织比赛的重要的法规性文件,具有权威性和指导性,是比赛筹备工作的依据,也是参赛单位、运动员、教练员及裁判员必须执行的标准。竞赛规程应由主办单位制定,一般应至少提前三个月下发给各院系,以便参赛单位有充分的时间准备并安排好各项事宜。竞赛规程应简明、准确,使执行者不易产生误会。

竞赛规程一般应包括以下内容:

(一)比赛的名称:包括年度(届)、性质、规模、名称(包括比赛总杯名和分杯名)。

(二)比赛的目的:简述举行本次比赛的目的。

(三)比赛的时间和地点:要详细、清楚地写明比赛的年、月、日和地点。

(四)参加单位的条件:限定参加者的范围,要具体、明确。

(五)竞赛的项目:对本次比赛参加项目、内容和时间的规定。

(六)竞赛的办法:说明比赛采用什么评分规则和计分方法,采取什么样的比赛方式、一次性还是分预赛和决赛,有特殊规定一定要注明。

(七)参加人数及要求:规定每个单位参赛的人数、男女运动员的人数要求等。

(八)录取名次及奖励办法:根据比赛的规模说明团体赛和单项赛的录取办法,各奖项设置,是否有奖品或奖金等。

(九)报名和报到:报名的方式及要求、截止日期。比赛报到的时间、地点、联系电话等都要很清楚。

(十)未尽事宜:再发补充通知。

三、裁判的组成

(一)仲裁委员会:2～3 人。

(二)裁判员:9～10 人。

(三)检录员:1～2 人。

(四)记录员:1 人。

四、比赛的进行

1.赛前检录:一般赛前 20 分钟按出场顺序第一次检录,赛前 5 分钟第二次检录。

2.运动员外场准备,由播音员向观众介绍裁判委员会和裁判员。

3.运动员由播音员宣告后上场向裁判员示意,做好准备姿势,由放音员播放音乐。

4.运动员在音乐伴奏下完成整个比赛。

5.裁判员进行评分,播音员宣布得分。

6.记录员记录每名裁判员的分数和运动员的最后得分。

7.赛后,记录员经裁判长确认无误后,交总记录处存根。

8.成绩由总记录处统计后得出比赛名次。

五、颁奖

主持人登台,颁奖仪式开始,介绍出席颁奖的嘉宾;邀请嘉宾上台致辞;宣布获奖队伍(颁奖音乐响起),获奖队伍上台,主持人请颁奖嘉宾上台颁奖,并与获奖队伍合影留念。

 知识拓展

啦啦操竞赛的种类:

1.国际啦啦操比赛:世界大学生啦啦操锦标赛、世界中学生啦啦操锦标赛、世界啦啦操锦标赛暨世界啦啦操俱乐部比赛、世界啦啦操亚太地区总决赛、啦啦操欧洲公开赛、中国啦啦操公开赛。

2.国内啦啦操比赛:全国啦啦操锦标赛、全国啦啦操冠军赛、全国啦啦操系列赛以及全国啦啦操各分站赛。

啦啦操比赛场地要求:

1.比赛场地选用专业比赛板,并清楚地标注 14m×14m 的比赛区域。标志带为 5cm 宽的白色带,标志带是场地的一部分。

2.舞蹈啦啦操比赛场地可使用赛台,赛台高 80～100cm,后面有背景墙,赛台不得小于 16m×16m;技巧啦啦操比赛禁止使用赛台。

 学以致用

1.啦啦操竞赛组织机构下设哪些部门?

2.如何组织校园啦啦操比赛?

第八章　大学生体质健康标准测试及锻炼方法

国民的体质与健康是社会生产力的组成要素，也是关系到一个民族的强盛与国力兴衰的大事。大学生肩负着祖国建设的重任，应当了解自身的体质健康状况，进行科学的锻炼，不断提高体质与健康水平。

《国家学生体质健康标准》(2014 年修订，以下简称《标准》)的制定与实施，就是落实《国家中长期教育改革和发展规划纲要(2010—2020 年)》，落实"健康第一"指导思想的具体措施。标准作为促进学生体质健康发展、激励学生积极进行身体锻炼的教育手段，是学生体质健康的个体评价标准，也是学生毕业的基本条件之一。因此，每年一次的《国家学生体质健康标准》测试，可以让学生清楚地了解自己的体质与健康状况，帮助学生监测一年体质与健康状况是否发生变化及变化的过程，检查评定增强体质的效果，分析影响体质强弱的因素，从而采取相应的措施，促进学生积极参加体育锻炼，养成良好的锻炼习惯，切实提高学生的体质和健康水平。

第一节　《国家学生体质健康标准》测试项目与评价指标

一、体质

体质(Physical Constitution)即人体质量，是指人体在先天的遗传性与后天获得性的基础上所表现出来的形态结构、生理机能、心理因素、身体素质、运动能力等方面综合的、相对稳定的特征。遗传是人的体质发展变化的先天条件，对体质的强弱有重大影响，但体质的强弱还取决于后天的环境、营养、保健、运动锻炼等多种因素。体质的形成、发展和衰竭过程具有明显的个体差异和年龄特征。物质生活条件是决定体质强弱的基本条件，而运动锻炼则是增强体质、增进健康的最积极最有效的手段。

体质的范畴主要包括以下五个方面：

1.身体形态发育水平。即体型、姿势、营养状况、体格及身体成分等。

2.生理机能水平。即机体新陈代谢水平以及各器官系统的工作能力。

3.身体素质和运动能力发展水平。即心肺耐力、柔韧性、肌肉力量和耐力、速度、爆发力、平衡、灵敏、协调、反应等身体素质及走、跑、跳、投、攀、爬等身体活动能力。

4.心理发育(或心理发展)水平。即机体感知能力、个性、意志等。

5.适应能力。即对内、外环境条件的适应能力、应急能力和对疾病的抵抗力。

这五个方面的综合状况是否处在相对稳定的状态,决定着人们的不同体质水平。

二、《国家学生体质健康标准》的测试项目

根据 2014 年修订版《标准》,大学生需要进行体质健康测试的项目共七项:身高体重;肺活量;50 米跑;坐位体前屈;立定跳远;引体向上(男)/1 分钟仰卧起坐(女);1000 米跑(男)/800 米跑(女)。

三、《国家学生体质健康标准》评价指标与权重

表 8-1 《国家学生体质健康标准》评价指标与权重

测试对象	单项指标	权重(%)
全日制学生	体重指数(BMI)	15
	肺活量	15
	50 米跑	20
	坐位体前屈	10
	立定跳远	10
	引体向上(男)/仰卧起坐(女)	10
	1000 米跑(男)、800 米跑(女)	20

注:体重指数(BMI)=体重(千克)/身高^2(米^2)。

第二节 《国家学生体质健康标准》测试的操作方法

在实施《标准》的过程中,掌握各项目正确的测试方法是所有测评人员、学生需要了解的内容。测试工作必然和所使用的测试仪器有一定的关系,现在测试器材多种多样,有全手工操作的,也有电子仪器。手工操作与电子仪器的操作流程不完全相同。如使用带有 IC 卡的测试仪器就可以减少测试人员的记录和计算工作。但无论使用何种仪器,对测试人员的基本的操作要求是一致的,对于不同的测试器材,可参考相应测试器材的说明书。

一、身高体重

1.测试目的

测试学生的身高体重,评定学生的身体匀称度,评价学生生长发育的水平及营养状况。

2.测试方法

测试时,受试者赤足,立正姿势站在身高体重计的底板上(上肢自然下垂,足跟并拢,足尖分开约成 60°角)。如图 8-1、8-2 所示,足跟、骶骨部及两肩胛区与立柱相接触,躯干自然挺直,头部正直,耳屏上缘与眼眶下缘呈水平位,站稳后屏息不动,水平压板自动轻轻沿立柱下滑,轻压于受试者头顶。

图 8-1　测量身高体重一　　　　　　　图 8-2　测量身高体重二

3.注意事项

(1)测量计应选择平坦靠墙的地方放置,立柱的刻度尺应面向光源;

(2)受试者在测试时保持直立姿势,足跟、骶骨、肩胛骨贴近立柱,耳屏上缘与眼眶下缘呈水平位;

(3)受试者在测试时需站在底座踏板中央,上下踏板动作要轻,保持身体姿势稳定;

(4)受试者在进行身高体重测试前,应避免进行剧烈体育活动和体力劳动。

二、肺活量

1.测试目的

测试学生的肺通气功能。

2.测试方法

房间通风良好,使用干燥的一次性口嘴(非一次性口嘴则每换测试对象需消毒一次)。受试者进行一两次较平日深一些的呼吸动作后,更深地吸一口气,然后屏住气向吹嘴处以中等速度和力度慢慢呼出至不能再呼为止,测试中不得中途二次吸气。液晶屏上最终显示的数字即为肺活量毫升值。每位受试者测三次,每次间隔 15 秒,记录三次数值,测试仪器自动选取最大值作为测试结果。

3.注意事项

(1)测试时呼气动作只能一次性完成,不得中途二次吹气;

(2)吸气时不得将口对着吹嘴,呼气时不得用手堵住吹筒出气孔;

(3)电子肺活量计的计量部位的通畅和干燥是仪器准确的关键,手持外设施,请将电池仓与液晶屏朝上,防止水汽回流;

(4)每测试 100 人及测试完毕后用干棉球及时清理和擦干气筒内部,严禁用水、酒精等任何液体冲洗气筒内部;

(5)定期校对仪器。

三、800 米跑(女)或 1000 米跑(男)

1.测试目的

测试学生的耐力素质的发展水平,特别是心血管呼吸系统的机能及肌肉耐力。

2.测试方法

受试者站立式起跑,手带外设腕表,听到"预备、跑"指令声后,即可开始起跑,冲过终点线,受试者躯干部到达终点线的垂直面时,测试结束。

3.注意事项

(1)测试时应注意液晶腕表报告剩余圈数,以免跑错距离。

(2)跑完后应保持站立并缓慢走动,不要立即坐下,以免发生意外。远离终点线 5 米以外,不得立即返回到主机附近。

(3)不得穿皮鞋、塑料凉鞋、钉鞋参加测试。

四、立定跳远

1.测试目的

测试学生的下肢爆发力及身体协调能力的发展水平。

2.测试方法

受试者两脚自然分开站立,站在起跳线后,脚尖不得踩线,听到开始测试指令,即可开始起跳,不得有垫步或连跳动作,从起跳区进入测量区后,向前走出跳毯,完成测试。每人试跳三次,记录其中成绩最好的一次。

3.注意事项

(1)起跳时,脚尖不得踩线,若听到犯规提示"滴滴"声,应在脚下不离开跳毯情况下往后挪动,直至听不到蜂鸣声即可。

(2)两脚原地同时起跳,不得有垫步或连跳动作,落地后向前或侧面离开跳毯方可进行下次测试。

(3)可以赤足,但不得穿钉鞋、皮鞋、塑胶凉鞋参与测试。

五、50米跑

1. 测试目的

测试学生的速度、灵敏素质及神经系统灵活性的发展水平。

2. 测试方法

受试者至少两人一组测试。站立起跑,受试者听到"跑"的口令后起跑,发令员在发出口令的同时要摆动发令旗,计时员视旗动开表计时,受试者躯干部到达终点线的垂直面停表。以秒为单位记录测试成绩,精确到小数点后一位,小数点后第二位数按非零进一原则进位,如10.11秒读成10.2秒记录。

3. 注意事项

(1)受试者测试最好穿运动鞋或平底布鞋,赤足亦可,但不得穿钉鞋、皮鞋、塑料凉鞋;

(2)发现有抢跑者,要当即召回重跑;

(3)如遇风时一律顺风跑。

六、坐位体前屈

1. 测试目的

测量学生在静止状态下的躯干、腰、髋等关节可能达到的活动幅度,主要反映这些部位的关节、韧带和肌肉的伸展性和弹性及学生身体柔韧素质的发展水平。

2. 测试方法

如图 8-3 所示,受试者坐在仪器上两腿伸直,两脚平蹬测试纵板,两脚分开 10～15 厘米,上体前屈,两臂伸直向前,用两手中指尖逐渐向前推动游标,直到不能前推为止。测试计脚蹬纵板内沿平面为 0 点,向内为负值,向前为正值。测试两次,取最好成绩。

图 8-3　坐位体前屈

3. 注意事项

(1) 身体前屈,两臂向前推游标时两腿不能弯曲;

(2) 受试者应匀速向前推动游标,不得突然发力。

七、仰卧起坐

1. 测试目的

测试学生的腹肌耐力。

2. 测试方法

如图 8-4,受试者仰卧于垫上,两腿稍分开,屈膝呈 90 度角左右,两手指交叉贴于脑后。另一同伴压住其踝关节,以固定下肢。如图 8-5 所示,受试者坐起时两肘触及或超过双膝为完成一次。仰卧时两肩胛必须触垫。测试人员发出"开始"口令的同时开表计时,记录 1 分钟内完成次数。1 分钟到时,受试者虽已坐起但肘关节未达到双膝者不计该次数。

图 8-4　仰卧起坐一

图 8-5　仰卧起坐二

3. 注意事项

(1) 如发现受试者借用肘部撑垫或臀部起落的力量起坐时,该次不计数。

(2) 测试过程中,观测人员应向受试者报数。

八、引体向上

1. 测试目的

测试学生的上肢肌肉力量的发展水平。

2. 测试方法

如图 8-6 所示,受试者跳起双手正握杠,两手与肩同宽成直臂悬垂。如图 8-7 所示,静止后,两臂同时用力引体(身体不能有附加动作),上拉到下颌超过横杠上缘为完成一次。

图 8-6　引体向上一　　　　　　　　　　图 8-7　引体向上二

3.注意事项

(1)受试者应双手正握单杠,向上引体,吸气,注意抬头挺胸,上体尽量后仰,两肘外展,肩部放松,背部肌肉收紧,将身体向上拉引,下颌超越横杠;

(2)引体向上时,身体不得做大的摆动,也不得借助其他附加动作撑起;

(3)两次引体向上的间隔时间超过 10 秒停止测试。

第三节　《国家学生体质健康标准》主要测试项目锻炼手段与方法

一、50 米跑

(一)技术要领(见图 8-8)

1.起跑:50 米一般采用站立式起跑,双脚一前一后站立,双腿屈膝,后腿大约曲 120°,两臂一前一后自然曲臂准备,弯腰重心前倾,两眼看前下方 5～6 米处,注意力集中到耳部听发令。

图 8-8　50 米跑

211

2.加速跑:起跑后保持重心前倾加速,尽量晚抬头晚抬体,避免因抬头而引起抬体过快、过早增大阻力。

3.途中跑:途中跑任务是继续发挥和保持高速跑,在途中跑过程中,要求大腿迅速前摆,步幅大,两臂协调配合,加大摆动腿前摆幅度和速度,两腿快速交换步频,上下肢协调配合,才能取得良好效果。

4.冲刺跑:要求尽量保持步频、步幅,身体前倾,冲刺。

(二)锻炼手段

1.技术练习:高抬腿、后蹬跑、起跑练习、摆臂练习、摆腿练习、冲刺跑。

2.爆发力的提高可采用超等长收缩和跳跃练习,例如跳深、障碍跳、跨步跳、单足跳等。

3.速度练习:行进间的冲刺跑,例如20米加速＋20米冲刺跑、快速高抬腿接加速跑、30～50米加速跑。

4.力量练习:深蹲、半蹲、后抛、抓举、提踵等。

(三)锻炼方法

1.20～40米行进间快跑练习;

2.4×(50～250)米接力跑,加速跑,追赶跑练习;

3.短距离组合跑(20米＋40米＋60米＋80米＋100米)×2～3组或(30米＋60米＋100米＋60米＋30米)×2～3组;

4.短距离变速跑100～150米(30米快跑＋20米惯性跑＋30米快跑＋20米惯性跑),3次×2～3组;

5.反复跑30～60米,4～5次×2～3组;

6.小步跑转入加速跑,50～60米;

7.高抬腿跑转入快速跑,50～60米;

8.后蹬跑转入快速跑,50～60米。

二、立定跳远

1　　　　　2　　　　　3　　　　　4

图 8-9　立定跳远

（一）技术要领（见图 8-9）

1. 预摆：两脚左右开立，与肩同宽，两臂前后摆动，前摆时，两腿伸直，后摆时，屈膝降低重心，上体稍前倾，手尽量往后摆。要点：上下肢动作协调配合，摆动时一伸二屈降重心，上体稍前倾。

2. 起跳腾空：两脚快速用力蹬地，同时两臂稍曲屈后往前上方摆动，向前上方跳起腾空，并充分展体。要点：蹬地快速有力，腿蹬和手摆要协调，空中展体要充分，强调离地前的前脚掌瞬间蹬地动作。

3. 落地缓冲：收腹举腿，小腿往前伸，同时双臂用力往后摆动，并屈膝落地缓冲。要点：小腿前伸的时机把握好，屈腿前伸臂后摆，落地后往前不往后。

（二）锻炼手段

1. 力量练习。

肩部肌群：俯卧撑、仰卧飞鸟、俯卧飞鸟、侧平举、颈后上举。

腹部肌群：仰卧起坐、仰卧举腿。

背部肌群：俯卧背屈、跳箱俯卧举腿、体前屈背起。

臀肌：深蹲、单腿跪举腿。

股四头肌：半蹲、浅蹲、弓步跳、跳箱跳。

小腿三头肌：提踵（单脚和双脚）、原地纵跳。

2. 综合练习。

（1）多级蛙跳：屈膝半蹲，上体稍前倾，双脚同时用力蹬地，充分伸直髋、膝、踝三关节，两臂同时迅速上摆。身体向前跃出，双腿屈膝落地缓冲后再接着向前跳；

（2）深蹲跳：全蹲下去，双脚同时用力向上跳起，连续做；

（3）单脚跳：用左脚连续向上或向前跳一定的次数，再换右脚做连续跳；

（4）多级跨步跳：连续以最少的步数，跨出最远的距离；

（5）跳台阶：原地双脚起跳，跃上台阶或其他物体，然后再跳下，反复进行。

（三）锻炼方法

1. 挺身跳：原地屈膝开始跳，空中做直腿挺身动作，髋关节完全打开，做出背弓动作，落地时屈膝缓冲。

2. 单足跳前进练习：一般采用左（右）去右（左）回的方法进行练习，距离控制在 25～30 米左右，完成 3～4 组。

3. 收腹跳练习：从原地直立开始起跳，空中做屈腿抱膝动作或双手在腿前击掌，落地时一定要屈膝缓冲。越过一定高度兼远度或一定远度兼高度。

（四）错误动作纠正

1. 预摆不协调。

解决办法：反复做前摆直腿后摆屈膝的动作，由慢到快。

2.上体前倾过多,膝关节不屈,重心降不下去,形成鞠躬动作。

解决办法:做屈膝动作,眼睛往下看,垂直视线不超过脚尖,熟练后就可不用眼睛看了。

3.腾空过高或过低。

解决办法:利用一定高度或一定远度的标志线来纠正这类错误效果很好。

4.收腿过慢或不充分。

解决办法:反复做收腹跳的练习,注意要大腿往胸部靠而不是小腿往臀部靠,动作要及时。

5.落地不稳,双腿落地区域有较大的差异。

解决办法:多做近距离的起跳落地动作,手臂的摆动要协调配合。地面设置标志物,双脚主动有意识地踩踏标志物。

三、坐位体前屈

(一)技术要领

1.测试前,受试者应在平地上做好准备活动,以防拉伤。

2.受试者坐在测试板上,两腿伸直,不可弯曲,脚跟并拢,脚尖分开10～15厘米,踩在测量计垂直平板上,两手并拢。

3.两臂和手伸直,渐渐使上体前屈,用两手中指尖轻轻推动标尺上的游标前滑(不得有突然前伸动作),直到不能继续前伸时为止。

(二)锻炼手段

1.静态拉伸:需要拉伸的肌肉被缓慢地拉长并保持在一个舒服的范围10～30秒,这里舒服的范围指肌肉被拉长但没有感觉到疼痛的那个位置,也就是说要做到无痛拉伸。当拉伸保持一段时间后,肌肉被拉伸的感觉减少,就可以轻柔地移向更大的位置并保持住。提高柔韧性最佳的静态拉伸时间是30秒。

2.被动拉伸:如图8-10,指拉伸者在外力的帮助下完成的拉伸,可以是弹性拉伸,也可以是静态拉伸。被动拉伸时,拉伸者要尽量放松,由外力移动被拉伸的肢体,以获得新的关节活动度。

图 8-10　被动拉伸

（三）锻炼方法

1.可以采用各种拉伸将坐位体前屈分解为以下部分进行拉伸：大腿后部肌群——直膝压腿、屈膝（略屈）压腿；脊柱上部周围肌群——手握单杠静力下垂、手握肋木侧向拉伸；脊柱中下部——采用坐姿两腿屈膝分开前压；臀肌——屈膝（全屈）压腿；小腿后部肌群——弓步前压、扶墙单腿前压。

2.坐位体前屈拉伸采用静态拉伸比较好，时间 10～30 秒。

（四）注意事项

经过热身活动使肌肉温度升高，拉伸会更有效，所以在测试前进行准备活动 10～15 分钟，然后进行 2～3 次静力拉伸，每次时间 10～30 秒。

四、1 分钟仰卧起坐

（一）技术要领

身体平躺仰卧于垫上，双肩胛骨着垫平躺，两腿屈膝，腹部与大腿呈 90°，大腿与小腿呈 90°，两手指交叉贴于脑后，臀部不能离垫面，由同伴压住脚面。用收腹屈背，双臂屈肘前摆内收，低头、含胸的力量起坐，动作协调一致，双肘触及两膝，然后后仰还原成预备姿势。

（二）锻炼手段

1.腹部：仰卧卷腹、静力卷腹。

2.屈髋肌肉：仰卧举腿、肋木举腿（直腿或屈腿）、站立屈腿举。

3.仰卧起坐最大力量练习：负重仰卧起坐、静力两头起。

4.仰卧起坐耐力：相对慢速多重复次数、多组相对快速的计时或计次并控制组间休息时间。

（三）锻炼方法

1.通过分别锻炼腹部和髋部提高躯干屈肌和屈髋肌力量，每组 10～30 次，2～4 组。

2.负重仰卧起坐，以 70％～90％强度，每组 6～8 次，3～5 组。

3.相对慢速仰卧起坐来锻炼肌肉有氧能力，每组 10～30 次，2～4 组。

4.控制组间间歇的快速仰卧起坐，可采用计时与计次两种方式。计时 10～30 秒，2～4 组，间歇 2～4 分钟。计次 10～30 次每组，2～4 组，间歇 2～4 分钟。

（四）注意事项

虽然仰卧起坐是比较安全的测试方法，但在测试时还有两点需要注意：

1.在抬起上体的过程中尽量避免颈部过分紧张，要有意识地用腹部肌肉群完成动作；

2.避免头部在完成动作过程中摆动幅度过大。

五、引体向上

（一）技术要领

双手正握单杠，握距要宽，两脚离地，两臂身体自然下垂伸直。向上引体，吸气，注意抬头挺胸，上体尽量后仰，两肘外展，肩部放松，背部肌肉收紧，将身体向上拉引，下颌超越横杠。然后逐渐放松背阔肌，让身体徐徐下降，直到恢复完全下垂，重复。

（二）锻炼手段

1. 屈肘肌群：直立哑铃弯举、单手哑铃弯举等。

2. 上臂屈肌：俯卧飞鸟、使用橡皮带的直臂下拉等。

3. 模拟引体向上练习：可采用有帮助情况下的引体向上、低杠引体向上、以橡皮带为阻力的下拉（就是双脚不离地，以引体向上动作下拉）等。

（三）锻炼方法

1. 对单个关节有针对性地进行力量练习。

（1）增加最大力量。练习方法有增大肌肉生理横断面和改善肌肉协调能力两种，前者采用最大负重的 $60\%\sim85\%$ 的强度，重复 $4\sim8$ 次，做 $5\sim8$ 组；后者采用最大负重的 85% 以上的强度，重复 $1\sim3$ 次，做 $5\sim8$ 组。

（2）增加肌肉耐力。练习方法有大强度间歇循环和低强度间歇循环两种，前者采用最大负重的 $50\%\sim80\%$ 的强度，重复 $10\sim30$ 次、休息间歇时间为练习时间的 $2\sim3$ 倍，后者采用最大负重的 $30\%\sim50\%$，重复 30 次以上。

2. 模拟引体向上练习。动作接近专项动作，可以同时锻炼肩、肘两个关节肌肉力量与协调性，应在单个关节力量练习后做。

3. 完整引体向上可采用分组练习方法来增加练习总次数，例如可以将最大完成次数除二为每组完成次数，做 $3\sim4$ 组。

六、1000 米跑（男）/800 米跑（女）（见图 8-11）

（一）技术要领

800/1000 米跑的姿态应该是全脚掌着地，步伐轻盈，摆臂有力（幅度不用太大）。呼吸要均匀，要有节奏，不能忽快忽慢，呼吸节奏是每 3 步一呼，3 步一吸，在保持速度的时候感觉呼吸困难，就需要调整为 2 步一呼，2 步一吸，保持呼吸均匀和深度一致，这样跑起来才会感到轻快。跑步的过程中要注意抬头收腹，身体在比较低的高度上下起伏，双手自然配合脚步运动，减少身体左右晃动，减少不必要的能量浪费；保持步频，提高步长，来达到提高成绩的目的。

图 8-11　1000 米跑(男)/800 米跑(女)

(二)锻炼手段

1.有氧运动能力

(1)持续跑:慢速持续跑,节奏轻松,时间 30 分钟;快速持续跑,以 10 千米/小时速度,时间为 10~45 分钟。

(2)长距离低强度重复训练,以 3~10 千米/小时速度短距离重复跑,次间休息时间等于完成时间,例如以 3~10k/h 速度跑 200 米×10 个×2 组,组间休息 5 分钟。

(3)间歇训练法,重复训练法,法特莱克训练法——在持续跑中加入短时间的快速冲刺,时间为 1045 分钟。

2.无氧运动能力的锻炼方法

短距离高强度重复训练,80~600 米,强度 80％~100％,间歇 30 秒~10 分钟,3~4 组。

(三)锻炼方法

1.匀速跑 800~1500 米,整个过程都以均匀的速度跑。

2.中速跑 500~1000 米,要跑得轻松自然,动作协调,放开步子跑。

3.重复跑:反复跑几个段落(如 200 米、400 米或 800 米等),中间休息时间较长,跑的距离、重复次数、快慢强度都可根据自己的情况而定。

4.加速跑 40~60 米:反复跑,中间有较短时间的间歇。

5.变速跑 1500~2500 米:要求快跑与慢跑结合,如采用 100 米慢跑、100 米快跑或 100 米慢跑、200 米快跑等方法交替进行。

6.越野跑:利用自然地形条件练习,如在公路、田野或山坡(上下坡跑)上练习。

7.跑台阶、跑楼梯练习。

(四)注意事项

1.不宜空腹进行长跑。热身时间不少于 15 分钟,直至内脏器官及心理处于良好的适应状态。在空腹状态下进行长跑容易引起低血糖,出现心悸、乏力、出汗、饥饿感、面色苍白、震颤、恶心呕吐等,较严重的可能导致昏迷甚至死亡。

2.正确呼吸。一般情况下,可两步或三步一呼,两步或三步一吸,注意节奏不能起伏过大。吸气方式上,应尽量采用鼻呼吸和口鼻混合呼吸。冬季长跑时,可用舌头抵住上颚,以避免冷空气直接大量吸入而造成对气管、支气管的刺激。

3.不宜在长跑过程中穿得太厚、太臃肿,妨碍身体的运动,加重身体的负担。宜穿比较宽松吸汗、适合运动的棉质服装。运动完后要及时加衣服或更换干爽衣服,以免感冒。

4.在进行 1000 米/800 米测试前如有身体不适,或在测试中有其他异常现象必须与测试老师沟通。

5.1000 米/800 米结束后应继续走动,不要立刻停下,以免发生意外。

第四节 《国家学生体质健康标准》测试成绩的评分标准

学生体测总分由标准分与附加分之和构成,满分为 120 分。标准分由各单项指标得分与权重乘积之和组成,满分为 100 分。附加分根据实测成绩确定,即对成绩超过 100 分的加分指标进行加分,满分为 20 分。大学生的加分指标为男生引体向上和 1000 米跑,女生 1 分钟仰卧起坐和 800 米跑,各指标加分幅度均为 10 分。

《标准》根据学生学年总分评定等级(见表 8-2):90.0 分及以上为优秀,80.0~89.9分为良好,60.0~79.9 分为及格,59.9 分及以下为不及格。

表 8-2 《标准》总分与评定等级对应

得分	等级
90 分及以上	优秀
80~89.9 分	良好
60~79.9 分	及格
59.9 分及以下	不及格

学生体质健康标准成绩每学年评定一次,按评定等级记入国家学生体质健康标准登记卡。学生毕业时的成绩和等级,按毕业当年学年总分的 50% 与其他学年总分平均得分

的 50％之和进行评定。《标准》测试的成绩达不到 50 分者按结业或肄业处理。

因病或残疾免予执行本《标准》的学生，填写《免予执行〈国家学生体质健康标准〉申请表》，存入学生档案。确实丧失运动能力，被免予执行《标准》的残疾学生，仍可参加评优与评奖，毕业时《标准》成绩注明免测。

《标准》实施办法规定：学生《标准》测试成绩评定达到良好及以上者，方可参加评优与评奖；成绩达到优秀者，方可获体育奖学分。《标准》成绩不合格者，在本学年准予补测一次，补测仍不合格者，则学年《标准》成绩为不及格。

一、体重指数(BMI)单项评分表(见表 8-3)

表 8-3　体重指数(BMI)单项评分　　　　　　　　　　　　(单位：千克/米²)

等级	单项得分	大学男生	大学女生
正常	100	17.9～23.9	17.2～23.9
低体重	80	≤17.8	≤17.1
超重	80	24.0～27.9	24.0～27.9
肥胖	60	≥28.0	≥28.0

二、测试项目各单项评分表(见表 8-4、表 8-5)

表 8-4　大学男生各单项评分

等级	单项得分	肺活量		立定跳远		坐位体前屈		引体向上		50 米跑		1000 米跑	
		大一大二	大三大四	大一大二	大三大四	大一大二	大三大四	大一大二	大三大四	大一大二	大三大四	大一大二	大三大四
优秀	100	5040	5140	273	275	24.9	25.1	19	20	6.7	6.6	3'17"	3'15"
	95	4920	5020	268	270	23.1	23.3	18	19	6.8	6.7	3'22"	3'20"
	90	4800	4900	263	265	21.3	21.5	17	18	6.9	6.8	3'27"	3'25"
良好	85	4550	4650	256	258	19.5	19.9	16	17	7.0	6.9	3'34"	3'32"
	80	4300	4400	248	250	17.7	18.2	15	16	7.1	7.0	3'42"	3'40"

续表

等级	单项得分	肺活量		立定跳远		坐位体前屈		引体向上		50 米跑		1000 米跑	
		大一大二	大三大四	大一大二	大三大四	大一大二	大三大四	大一大二	大三大四	大一大二	大三大四	大一大二	大三大四
及格	78	4180	4280	244	246	16.3	16.8			7.3	7.2	3′47″	3′45″
	76	4060	4160	240	242	14.9	15.4	14	15	7.5	7.4	3′52″	3′50″
	74	3940	4040	236	238	13.5	14			7.7	7.6	3′57″	3′55″
	72	3820	3920	232	234	12.1	12.6	13	14	7.9	7.8	4′02″	4′00″
	70	3700	3800	228	230	10.7	11.2			8.1	8.0	4′07″	4′05″
	68	3580	3680	224	226	9.3	9.8	12	13	8.3	8.2	4′12″	4′10″
	66	3460	3560	220	222	7.9	8.4			8.5	8.4	4′17″	4′15″
	64	3340	3440	216	218	6.5	7	11	12	8.7	8.6	4′22″	4′20″
	62	3220	3320	212	214	5.1	5.6			8.9	8.8	4′27″	4′25″
	60	3100	3200	208	210	3.7	4.2	10	11	9.1	9.0	4′32″	4′30″
不及格	50	2940	3030	203	205	2.7	3.2	9	10	9.3	9.2	4′52″	4′50″
	40	2780	2860	198	200	1.7	2.2	8	9	9.5	9.4	5′12″	5′10″
	30	2620	2690	193	195	0.7	1.2	7	8	9.7	9.6	5′32″	5′30″
	20	2460	2520	188	190	−0.3	0.2	6	7	9.9	9.8	5′52″	5′50″
	10	2300	2350	183	185	−1.3	−0.8	5	6	10.1	10.0	6′12″	6′10″

表 8-5　大学女生各单项评分

等级	单项得分	肺活量		立定跳远		坐位体前屈		仰卧起坐		50 米跑		800 米跑	
		大一大二	大三大四	大一大二	大三大四	大一大二	大三大四	大一大二	大三大四	大一大二	大三大四	大一大二	大三大四
优秀	100	3400	3450	207	208	25.8	26.3	56	57	7.5	7.4	3′18″	3′16″
	95	3350	3400	201	202	24	24.4	54	55	7.6	7.5	3′24″	3′22″
	90	3300	3350	195	196	22.2	22.4	52	53	7.7	7.6	3′30″	3′28″
良好	85	3150	3200	188	189	20.6	21	49	50	8.0	7.9	3′37″	3′35″
	80	3000	3050	181	182	19	19.5	46	47	8.3	8.2	3′44″	3′42″

续表

等级	单项得分	肺活量		立定跳远		坐位体前屈		仰卧起坐		50米跑		800米跑	
		大一大二	大三大四	大一大二	大三大四	大一大二	大三大四	大一大二	大三大四	大一大二	大三大四	大一大二	大三大四
及格	78	2900	2950	178	179	17.7	18.2	44	45	8.5	8.4	3′49″	3′47″
	76	2800	2850	175	176	16.4	16.9	42	43	8.7	8.6	3′54″	3′52″
	74	2700	2750	172	173	15.1	15.6	40	41	8.9	8.8	3′59″	3′57″
	72	2600	2650	169	170	13.8	14.3	38	39	9.1	9.0	4′04″	4′02″
	70	2500	2550	166	167	12.5	13	36	37	9.3	9.2	4′09″	4′07″
	68	2400	2450	163	164	11.2	11.7	34	35	9.5	9.4	4′14″	4′12″
	66	2300	2350	160	161	9.9	10.4	32	33	9.7	9.6	4′19″	4′17″
	64	2200	2250	157	158	8.6	9.1	30	31	9.9	9.8	4′24″	4′22″
	62	2100	2150	154	155	7.3	7.8	28	29	10.1	10.0	4′29″	4′27″
	60	2000	2050	151	152	6	6.5	26	27	10.3	10.2	4′34″	4′32″
不及格	50	1960	2010	146	147	5.2	5.7	24	25	10.5	10.4	4′44″	4′42″
	40	1920	1970	141	142	4.4	4.9	22	23	10.7	10.6	4′54″	4′52″
	30	1880	1930	136	137	3.6	4.1	20	21	10.9	10.8	5′04″	5′02″
	20	1840	1890	131	132	2.8	3.3	18	19	11.1	11.0	5′14″	5′12″
	10	1800	1850	126	127	2	2.5	16	17	11.3	11.2	5′24″	5′22″

三、加分指标评分表（见表8-6）

表8-6　加分指标评分

加分	引体向上（男）	仰卧起坐（女）	1000米跑（男）	800米跑（女）
10	10	13	−35″	−50″
9	9	12	−32″	−45″
8	8	11	−29″	−40″
7	7	10	−26″	−35″
6	6	9	−23″	−30″

续表

加分	引体向上（男）	仰卧起坐（女）	1000 米跑（男）	800 米跑（女）
5	5	8	−20″	−25″
4	4	7	−16″	−20″
3	3	6	−12″	−15″
2	2	4	−8″	−10″
1	1	2	−4″	−5″

注：1.引体向上、一分钟仰卧起坐均为高优指标,学生成绩超过单项评分 100 分后,以超过的次数所对应的分数进行加分。

2.1000 米跑、800 米跑均为低优指标,学生成绩低于单项评分 100 分后,以减少的秒数所对应的分数进行加分。

参考文献

［1］Hébert-Losier, Platt, Hopkins. Sources of Variability in Per-formance Times at the World Orienteering Championships[J]. Med Sci Sports Exerc, 2015, 47(7):1523-30.

［2］Leigh Vandiver. All-star cheer around the world[J]. All-Star Cheer Magazine VOL. 3, Issue 1, Spring, 2008:18-20.

［3］陈晨. 啦啦操运动员快速力量的表现特征及训练方法[J]. 中国学校体育(高等教育), 2016,3(12):63-66.

［4］丁辉. 校园啦啦操运动的推广价值研究[J]. 广州体育学院学报,2015(6):126-127.

［5］方奇,周建社. 国际接轨背景下中国啦啦操运动的发展研究[J]. 北京体育大学学报, 2014(5):128-132.

［6］葛智斌. 啦啦队底座运动员专项身体素质训练方法的设计[J]. 体育科技文献通报, 2007,15(7):100-102.

［7］国家体育总局体操运动管理中心. 2010—2013 年全国啦啦操竞赛规则[J]. 国家体育 总局体操运动管理中心审定,2010,(10):63-65.

［8］蒋晓絮. 舞蹈啦啦操成套动作编排的创新性研究[J]. 中国学校体育(高等教育),2014 (2):37-40.

［9］李鸿. 我国啦啦队运动的开展现状与对策研究[J]. 成都体育学院学报,2006(2).

［10］林莹晓雪. 我国啦啦操运动发展现状及策略研究[D]. 北京:北京体育大学,2010.

［11］刘海龙. 2016 年全国学生啦啦操锦标赛大集体技巧啦啦操成套动作难度研究[J]. 青少年体育,2018(3):132-133.

［12］刘倩文. 花球啦啦操项目特征和速度素质训练研究[J]. 体育科技文献通报,2017,25 (8):44-46.

［13］刘小静. 技巧啦啦操手翻类难度训练方法的研究[D]. 北京:北京体育大学,2009.

［14］田麦久. 运动训练学[M]. 北京:人民体育出版社,2011.

［15］王燕梅. 啦啦操文化与高校和谐校园的构建[J]. 教研教改,2009(6).

［16］熊玲. 技巧啦啦操基本技术研究[J]. 教育教学论坛,2013(31):182-183.

［17］徐中秋,邱建钢. 国际全明星啦啦队竞赛评分规则(2006—2009 版)[M]. 成都:电子 科技大学出版社,2006.

[18] 袁春燕.对我国技巧啦啦操运动员竞技能力影响因素的研究[D].长沙:湖南师范大学,2010:6.

[19] 赵杰.技巧啦啦操难度动作的基本技术探析[J].南京体育学院学报(自然科学版),2011,10(3):64-66.

[20] 周丹.高校技巧啦啦操表现力训练研究[J].运动,2018(16).

[21] 朱宏.我国舞蹈啦啦操难度动作演变及其发展趋势的研究[D].北京:北京体育大学,2012(11).